AF292746

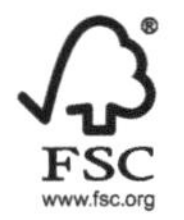

Bilder, Skulpturen, Friedens- und Umweltaktionen, land-art, Bücher

„Im Mittelpunkt meiner Arbeiten steht die Erde, die ich als eigenständiges Lebewesen betrachte, sie ist für mich die Materialisierung der göttlichen Existenz.“
Die Erde ist vollkommen sie kann nicht verbessert werden.
Wer sie besitzen will wird sie verlieren.
Wer sie ausbeute wird sie zerstören.

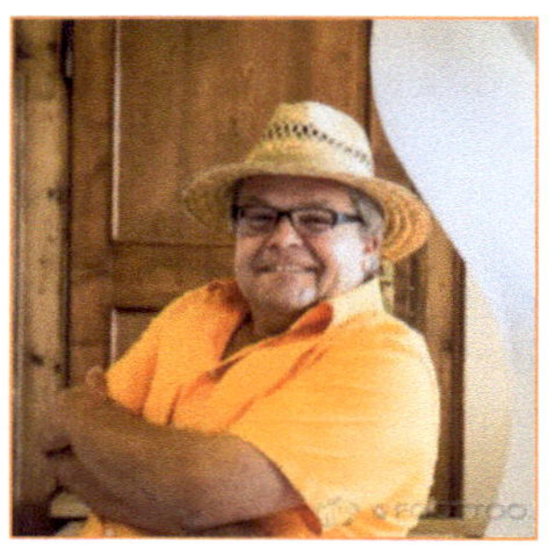

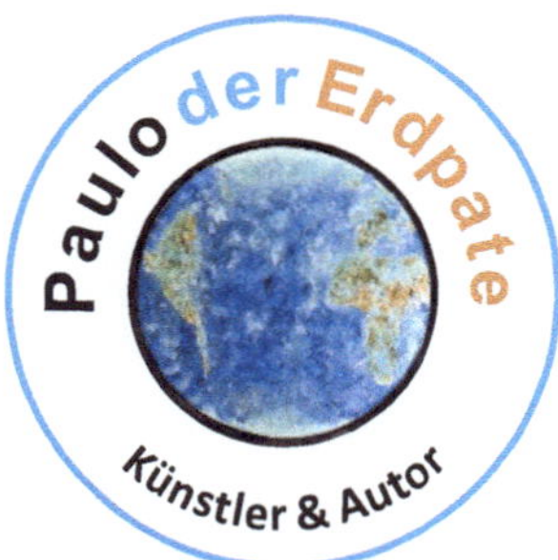

Weitere Infos: www.erdpate.de

1996 Kosovokrieg: Bau eins Grabes als Mahnmals
1997 Nachbau eines Atomcastors, Typ 08/15
1997 Nein zum Tschetschenien- Krieg: Raketenattrappen gegen den Wahnsinn
1998 Kyoto Protokoll: Heizkörperskulpturen aufgestellt im Freien
1999-2001 Friedensaktion: Nein zum Irakkrieg, Friedensmarsch, Bau der Friedenskapelle
2001 New York 11.9.2001, Bau der Skulpturen: Engelsflügel
2003 Aktion Herz zeigen: Der Münchener Jakobsweg wird mit Herzen bestückt
2006 Das Grönlandprojekt, das ewig geglaubte Eis schmilzt
2010 Nachbau einer prähistorischen Riesenschlange gegen den Bau einer Autobahn
2002 Einführung des Euros in 6 Akten, 8 Meter hohe Skulptur
2010 Deepwater Horizon, Golf von Mexiko, Rohölfressende Riesenschnecke auf der Münchner Solarmesse.
2010 „Eyjafjallajökull" Vulkanausbruch auf Island, Feinstaubplakette für Vulkane
2013 Bau der Friedenssäule. Aufschrift in 12 Sprachen „Möge Frieden auf Erden sein" Säule ist seit 2014 on Tour
2014 „Brücke der Menschlichkeit" Friedensprojekt mit jugendlichen Flüchtlingen und deutschen Jugendlichen
2016 Bau des Tölzer Labyrinths, ein Kraftplatz entsteht
2018 Zu Fuß von Bad Tölz auf die Zugspitze „Rettet die Gletscher"
Diese finden Sie auch in dem Buch „Kunst-Friedens- und Umeltaktioen"

der sich ständig wandelnde Fluss der Isar inspirieren ihn. Er absolvierte er eine Schamanische und Geomantische Ausbildung. Wikipedia: **Geomantie** oder *Geomantik* (altgriechisch] „Erde" „Weissagung", also in etwa *Weissagung aus der Erde*) ist auch eine Form des Hellsehens, bei der Markierungen und Muster in der Erde oder Sand, Steine und Boden zum Einsatz kommen. Heute ist die Geomantie im ursprünglichen Sinn in Europa fast verschwunden. Der Begriff wird heute für andere Methoden verwandt, zum Beispiel in Zusammenhang mit den sogenannten Ley-Linien, die eher dem chinesischen Feng Shui ähneln.

Die Lehre eines Shaolin-Mönchs und die Atempausen in Klöstern führten ihn weiter auf seinem Lebensweg.

Dabei erlernte er fast vergessene Methoden und Vorgehensweisen, unter anderem ganz bestimmte Traum Meditationen.

Durch die Fähigkeit sich in Tagträumen voll und ganz in die jeweiligen Schauplätze und die Protagonisten seiner Erzählungen zu vertiefen, gelingt es ihm, vielerlei verborgene Dinge zu spüren und zu sehen.

Seine Empfindungen, Erlebnisse, die Begegnungen und die Abenteuer, die er bei seinen Reisen erlebt, gibt er in seinen Büchern und Erzählungen weiter, die er neben seinen künstlerischen Arbeiten seit vielen Jahren verfasst.

Abenteuergeschichten, Romane, Science- Fiction und Märchen um Trolle, Zwerge, Feen, Elfen und zauberhafte Fabelwesen nehmen seine Leser mit in eine wunderbare Welt der Fantasie.

In vielen seiner Texte, Umwelt- und Friedensaktionen greift er ökologische, gesellschaftliche und soziale Themen auf. Er mischt sich seit über 30 Jahren aktiv ein und bezieht klar Stellung.

Seine Geschichten tragen oftmals eine geheimnisvolle, subtile und doch einfache Botschaft zum Schutz der Erde und der Welt, in der wir leben, in sich anregend, selbstkritisch, ironisch, spannend, anschaulich, zauberhaft.

Weitere Infos: www.erdpate.de

Auszug einiger Aktionen:

1989 Bilder zum Berliner- Mauerfall

1991 Die Lebenssäule, drehbar

1992 Skulpturen: Hoyerswerda und zur Münchner Lichterkette 1992

1993 Konkuna der Außerirdische, sind wir wirklich alleine

1995 Bilderserie und Sammelaktion für Äthiopien

Bilder und Skizzen.
Ein Resümee vieler Arbeiten aus zwei Jahrzehnten.
Öl, Acryl, Kohlezeichnungen und Radierungen.

Skulpturen.
Dreidimensionale Kunst aus Stein, Holz und Metall

land-art.
Vergängliche Kunst in und mit der Natur.
Die Königsdisziplin

Vita Paulo Aktionskünstler und Autor.
1957 in der Nähe der Deutsch-Französischen Grenze geboren.
Mit 12 Jahren kreierte er seine ersten Holzskulpturen und nahm an Ausstellungen teil.
Texte und Gedichte folgten ab dem 17 Lebensjahr. Kunst in Form von Bildern und
Skulpturen begleitete in fortan.
Über die Jahre zahlreiche Einzel- und Gruppenausstellungen. Neben seiner
handwerklichen Ausbildung mit vier Meistertiteln und zahlreichen Schulungen im In-
und Ausland, zog es ihn 1984 nach Bayern.
Auf dem Gebiet alter, fast verloren gegangener Handwerkstechnicken war er ebenso, wie
im Bereich der Kulissen-gestaltung- und Kulissen-malerei aktiv.
In Oberbayern lebte er 20 Jahre auf seinem Hof, auf dem er neben seinem
beruflichen/künstlerischem Engagement mit seiner Familie, Ponys, Pferden, Ziegen,
Schafen und Kaninchen ein Therapiezentrum für Kinder betrieb.
Heute lebt und arbeitet der Künstler in Bad Tölz. Hier widmet er sich voll und ganz
seiner Passion der Kunst und des Schreibens. Gerade die Nähe der Berge, die Natur und

Die letzten ihres Stammes
Im Bereich der Sagen umwobenen Mascaschlucht und den unzugänglichen
Bergen und Schluchten Teneriffas verstecken sich seit hunderten von Jahren die
Nachkommen der Guanchen.

Paul hat seit einer halben Ewigkeit nichts mehr von seinem Jugendfreund Robert
gehört, als ihn plötzlich die Nachricht erreicht: Robert ist tot und er hat ihm sein
Eigentum, eine verfallene Stein Hütte auf Teneriffa hinterlassen, wo er viele Jahre
seines Lebens verbrachte. Paul entscheidet sich das Erbe anzunehmen und fliegt
nach Teneriffa. Dort begegnen ihm die merkwürdigsten Ereignisse und er stößt in
einem alten Tagebuch auf ein Geheimnis, das er nie für möglich gehalten hätte.
Nicht nur er interessiert sich dafür, auch die spanische Regierung wird auf ihn
und das Geheimnis aufmerksam.

Gibt es die in diesem Tagebuch von Robert beschrieben Ureinwohner tatsächlich.
Wieso und warum verstecken sie sich dort und unternehmen alles ihre Existenz
geheim zu halten?

Verse & Gedanken
Eine Sammlung von Gedichten, Versen und vielen Kurzgeschichten.

Kunstaktionen.
Eine Zusammenfassung ironischer, selbstkritischer und provokativer Aktionen
der letzten 25 Jahre.

Dinge und Begegnungen der besonderen Art. Dieser Reisebericht ist ein einzigartiges Geschenk. Der Zugang zu einer Welt, die einem bis dahin vielleicht fremd und unbekannt war: wunderbar bereichernde Erlebnisse und Erfahrungen, die auch in unser Alltagsleben ein-fließen werden.

Leben auf dem Kultplatz Rana, und die alte Linde, Hüter des Orakels und des goldenen Amulettes.

3.000 Jahre, die wechselvolle Geschichte eines Dorfes aus der Sicht der Bäume.
Dies ist die wechselvolle Geschichtete eines kleinen Dorfes. Sie beginnt etwa 1.000 Jahre vor Chr. Die Chronik des einstigen Kultplatzes wird von den nahen Bäumen am Waldrand erzählt.
Hierbei spielt die alte knorrige Linde eine besondere Rolle. Sie steht da seit Beginn der Zeit und hat so manches erlebt, all dies gibt sie in dieser Erzählung weiter. Sie hat die Aufgabe den Kultplatz zu schützen und die Geister der Finsternis zu vertreiben.
Vor 3.000 Jahren wird der junge Rana erstmals von seinem Vater Gunnar, der zur Sippe der Krähen gehört, mit zur alten Linde Heros genommen. Dort erfährt er von seinen besonderen Fähigkeiten mit Bäumen und Pflanzen kommunizieren zu können. Zwischen Rana und den Bäumen entsteht eine besondere Beziehung. Rana und sein Nachkomme sollen den Platz und seine Geheimnisse für immer schützen. In unserer Zeit wird Jakob, ein Familienvater, ohne sein Wissen von den Bäumen als Beschützer des Ortes auserwählt. Dabei soll ihm die Kraft des goldenen Amuletts helfen. Er soll den Kampf gegen die Mächte der Finsternis im Sinne Ranas weiterführen und endgültig für die Mächte des Lichts entscheiden. Ein verbitterter Kampf um den einstig heiligen Platz. Die Familie um Jakob gerät hierbei in Lebensgefahr. Wird es gelingen diesen Ort zu befrieden?

Aber auch nach dieser Zeit würde er die Strapazen nicht überleben. Weiteres Abwarten würde das Überleben der ganzen Sippe gefährden. Als die übrigen Familien in den frühen Morgenstunden aufbrechen, bleibt die Mutter bei ihrem verletzt Jungen und hofft auf ein Wunder. Die Lage ist aussichtslos. Ein überwintern in diesen Breiten würde alle das Leben kosten.
Alleine wäre der beschwerliche und gefährliche Weg, keinesfalls zu schaffen. Von Tag u Tag wird es kälter und die ersten Fröste überziehen das Land.
Eine Geschichte, über Zusammenhalt, Zuneigung, Mut und eisernem Willen

Mallorcas Kraftplätze. Mit der Wünschelrute zu den Kraft- Plätzen der Insel Mallorca.

Mallorca einmal anders. Die Zauberinsel im Mittelmeer nicht nur auf den üblichen Landschaftsrouten der Touristen, sondern mit den Augen und allen Sinnen eines leidenschaftlichen Wünschelrutengängers betrachtet. Denn der Autor ist selbst Einer von dieser seltenen Spezies, ein besonders begeisterter und erfahrener. In diesem Buch nimmt er uns mit auf seine abenteuerliche Spurensuche. Seine einzigartigen Erfahrungen, die intensive Kommunikation mit Tieren, Pflanzen und Steinen, spannender geschildert als jeder Krimi, faszinieren. Aber auch die üblichen Reiseinformationen über die schönsten Buchten, die erlangen Strände, die pittoresken kleinen Dörfer, die Highlights der größeren Städte und die Glanzlichter der Insel-hauptstadt Palma werden nicht ausgespart. Neben der Beschreibung vieler Sehenswürdigkeiten, nimmt uns der Autor mit auf ausgewählte, von ihm persönlich durchgeführte Wanderungen. Anschaulich und nachvollziehbar vermittelt der Autor die Handhabung der Wünschelrute und den Gebrauch des Pendels. Mit Hilfe dieser uralten Techniken, die fast vergessen waren, ergeben sich ungeahnte Möglichkeiten. Sie eröffnen uns eine ganz neue Sichtweise, wir erleben dadurch wunderbare, manchmal unglaublich erscheinende

1. Das Geheimnis der alten Ming-Vasen und
2. Letzter Aufruf Afrika.
Auch für Kinder zum Vorlesen geeignet.

1. **Der Bauer Woh Kann Doo** hat eine Kuh namens Chie. Diese Kuh gibt jeden Tag einen Eimer beste Milch, von der er sich und seine Familie gut ernähren kann. Diese Kuh hat er von seinem Vater erhalten und der hat sie wiederum von seinem Vater. Sie ist seit vielen Generationen bei den Doo`s und sorgt für deren Auskommen. Da die Kuh seit jeher bestens versorgt und wie ein Familienmitglied behandelt wurde, war sie überglücklich und zufrieden. Noch nie hatte sie einen Gedanken an Leid, Krankheit oder gar den Tod verschwendet. Dadurch war sie unsterblich. Eines Tages packt den jungen Bauern die Gier. Ein Eimer Milch ist ihm nicht mehr genug. Er will raus aus dem kleinen Bauernhaus in dem die Doo`s seit Generationen leben. Ein neues, großes Steinhaus in der Stadt soll es sein. Mit der Kuh erhofft er sich das schnelle Geld. Er melkt seine Kuh immer häufiger, bis sie schließlich drei Eimer Mich am Tag gibt. Das eigene, gute frische Futter von seinen Feldern verkauft er und kauft billiges Schimmliges Heu. Er Chie in einen dunklen zugigen Stall. Keiner kümmerte sich mehr um sie. Nur noch alle 3 Tage wird ausgemistet. Zum Trinken gibt es abgestandenes Wasser. Die Kuh Chie ist darüber so unglücklich, dass sie das erste Mal in ihrem Leben an Krankheit und Tod denkt. Das sie im Sterben liegt bemerkt der gierige Bauer erst, als es fast schon zu spät ist.

2. Letzter Aufruf Afrika,

Eindrucksvoll wird von einer Nomadengruppe berichtet, die wie jedes Jahr im Herbst ins warme Winterquartier aufbrechen will. Wenige Tage vor Aufbruch, wird ein junges Mitglied einer Familie durch ein Ungeschick schwer verletzt. Er ist nicht in der Lage, diese schwere Reise an zu treten.
Als die Sippe aufbrechen will, kann sich diese Familie dem übrigen Glan nicht anschließen, da ihr Junge die Anstrengungen nicht überstehen würde. Trotz des nahenden Winters beschließen die Sippenanführer noch eine Woche zu warten.

Atlantis lebt!

Unbekannte Lebensformen im Erdinneren entdeckt. Anfang der 1990er-Jahre begann man südlich von München mit Tiefenbohrungen auf der Suche nach neuen Energiequellen.

In einer Tiefe von über 4000 Metern stößt das Forscherteam unter dem damaligen Leiter Dr. Werner auf ein riesiges Reservoir von 140° C heißem Thermalwasser. Bei der Auswertung machen die Wissenschaftler eine unglaubliche Entdeckung: Dr. Werner kann bislang völlig unbekannte Lebensformen in dem heißen Wasser nachweisen. Auf einer Pressekonferenz zu dieser Sensation kommt es zum Eklat: Offenbar wollen Wirtschaftsverbände und Politiker die Resultate vertuschen. Schlägertrupps stören die Veranstaltung und versuchen an die beweiskräftigen Bilder zu kommen.

Einem jungen Journalisten aus Wien gelingt es, diese einzigen Beweise für die Existenz der Lebewesen zu stehlen, und gerät in einige Schwierigkeiten. Ob die neue Lebensform der Thermal-Biotics eine Chance hat, ist fraglich.

Ein engagiertes Buch für den Erhalt unserer Erde und ein friedliches Miteinander ihrer Bewohner.

Der letzte Atemzug,

Im Kampf um Liebe und Licht, um die Herrschaft über die Erde, stehen sich die Dämonen, die Verbündeten der Finsternis und des Verderbens den Lichtkriegern des Fürsten Rana gegenüber. An der Seite des Fürsten der Rote Reiter. Ob er mit seinen Legionen helfen kann, bleibt ungewiss. Zunächst scheint es um einen Kampf in althergebrachten Dimensionen zu gehen. Schon bald wird aber klar, es geht um das Ganze, es geht um den Kampf der Kämpfe. Hier wird nicht um Land und Reichtümer gekämpft. Vielmehr entbrennt ein mit äußerster Härte geführter Kampf um den gesamten Erdball, um alles, was war und jemals sein werden würde. Es geht um unsere bestehende Weltordnung mit für Millionen damit verbundenes Leid, ein Kampf gegen Unterdrückung und Ausbeutung, Egozentrik und Rücksichtslosigkeit: Fürst Rana führt seine Legionen mit 350.000 Kriegern des Lichts in einen scheinbar aussichtslosen Kampf. Der Tod scheint gewiss bei der kaum noch vorstellbaren gewaltigen Übermacht der eine Million Dämonenkrieger, ausgestattet mit Waffen von grausamster Zerstörungskraft. Schon bald wird dieser Kampf entschieden, ist er doch bereits seit langer Zeit auch um uns herum und überall im Gange. Bald muss sich die gesamte Menschheit entscheiden, auf welcher Seite sie stehen und kämpfen will. Der Ausgang dieser Schlacht wird von uns allen selbst mitentschieden.
Diese Geschichte ist nichts für schwache Gemüter, beschreibt sie in vielen Passagen doch auch unsrer Zeit. Nicht für Kinder geeignet.

Bislang veröffentlicht:

RAUMSCHIFF Teslar- SX 23 antwortet nicht
Sputnik 13. Verschollen im Weltall. 2017
Der Kindheitstraum eines kleinen Jungen, als Astronaut fremde Planeten zu erkunden, geht in Erfüllung. Bei seiner Reise durch das All soll der mittlerweile ausgebildete Astronaut mit seinem hypermodernen Raumgleiter im Orbit einige Reparaturen an der Raumstation durchführen, an einem Satelliten ein neuartiges Empfangssystem installieren und einige neuartigen Techniken testen.

Als der Rückflug zur Erde eingeleitet wird, schaltet sich auf Grund mehrere Fehlfunktionen der zu Testzwecken an Bord befindliche Teslaantrieb zu dem normalen Antriebsystem hinzu. Die Möglichkeiten, den Raumgleiter zu manövrieren, erweisen sich als sehr gering. Das Überleben im Al ist Dank der modernen Technik an Bord möglich.
Das viel größere Problem ist, dass das Raumschiff nicht mehr zu steuern ist und sich immer weiter von der Erde entfernt.
Über viele Jahre hinweg geht der Kosmonaut in Zeit und Raum verloren. Ohne Hoffnung, seine Familie und die Erde je wieder zu sehen, beschließt er, seinem aussichtslosen Dasein ein Ende zu bereiten.

Alle lebenserhaltenden Aggregate werden abgestellt. Dem Tode nah macht er eine sensationelle Entdeckung. Sein Shuttle wird von einem Lichtstrahl erfasst und geführt. Spannend wird die Geschichte des kleinen Jungen bis hin zu diesem Schicksalhaften Weltraumflug erzählt. Ob er je wieder zur Erde zurückkann und was ihn dort erwartet ist fraglich.

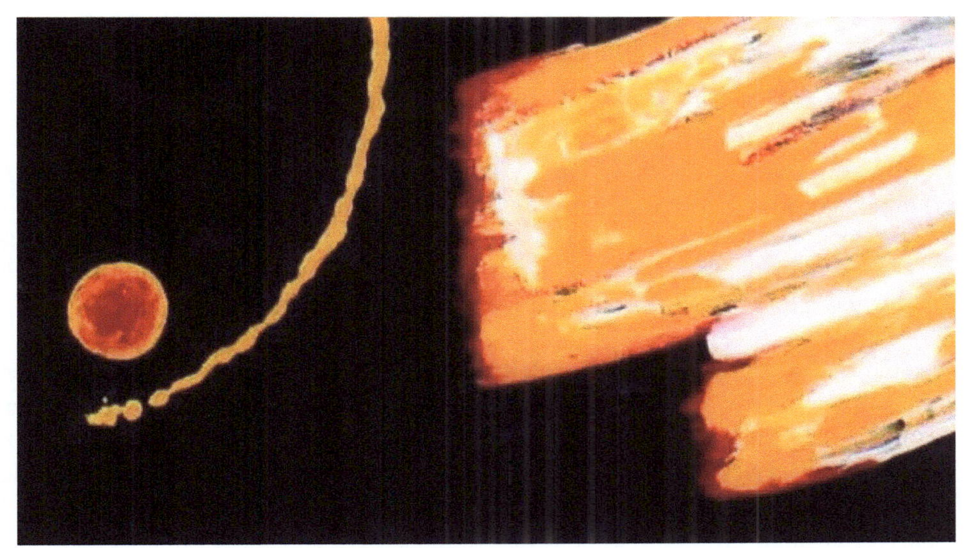

Paulo

Skulpturen, Bilder, land-art,
Friedens- und Umweltaktionen, Bücher

www.erdpate.de   Mail: info@erdpate.de

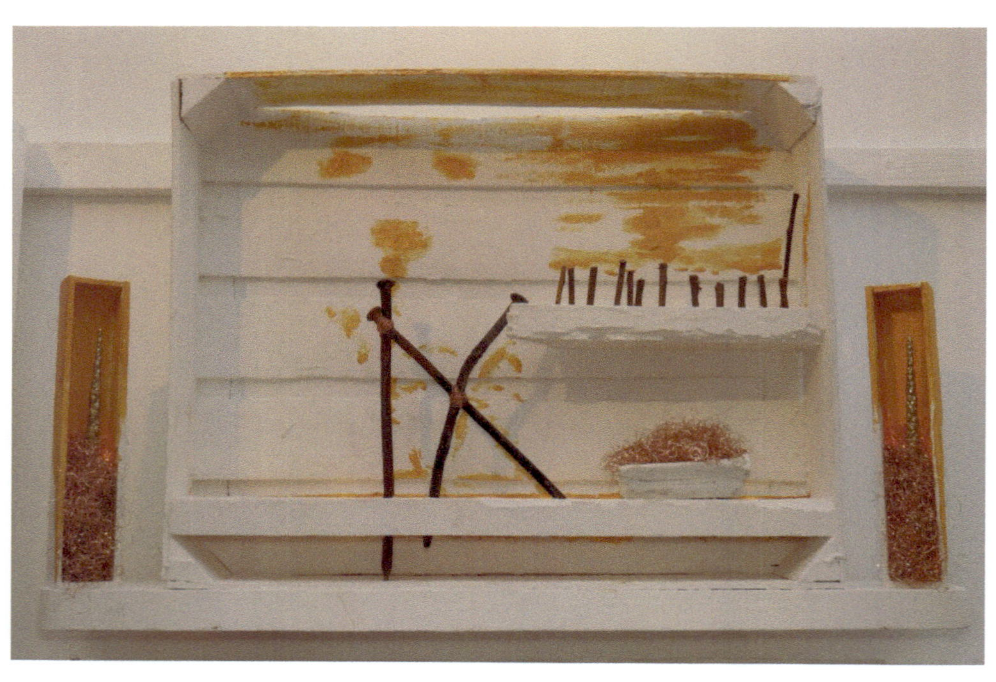

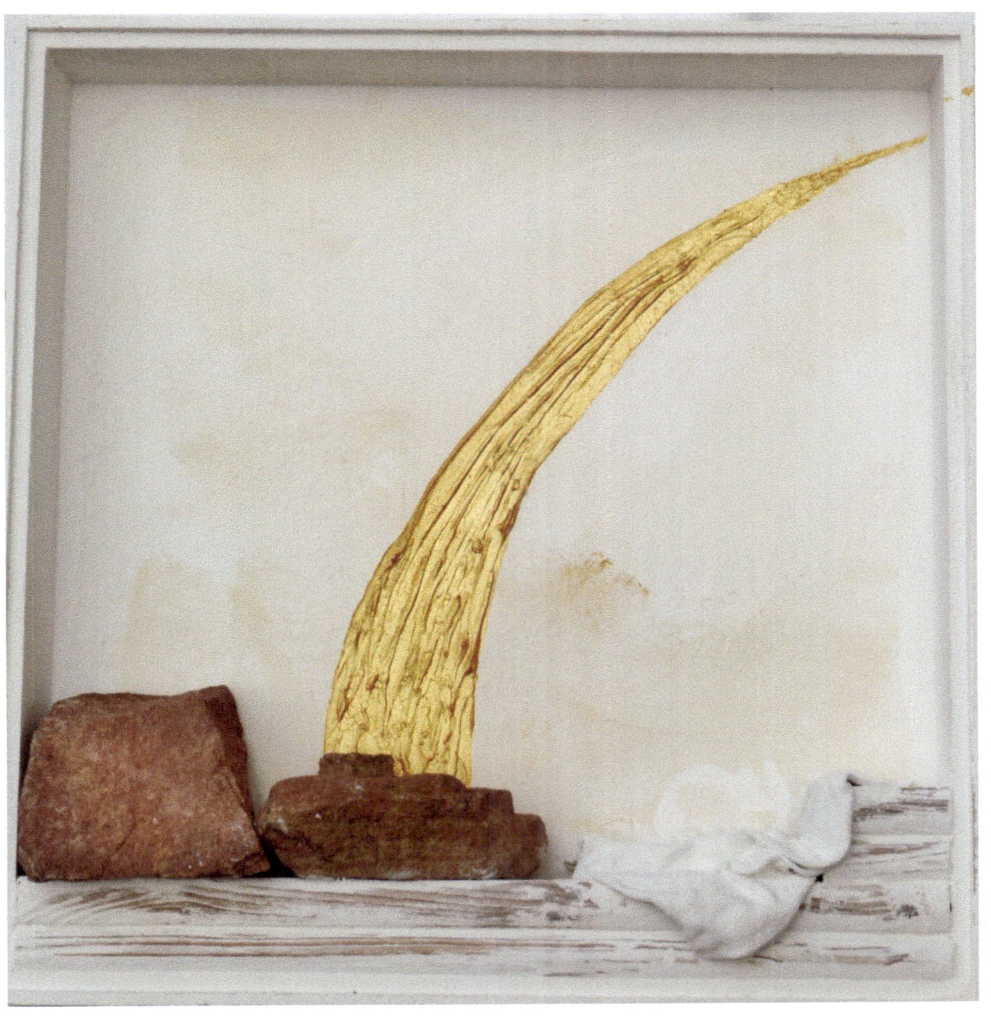

Die Reflexion von allem was war, was ist und was jemals sein werden wird.

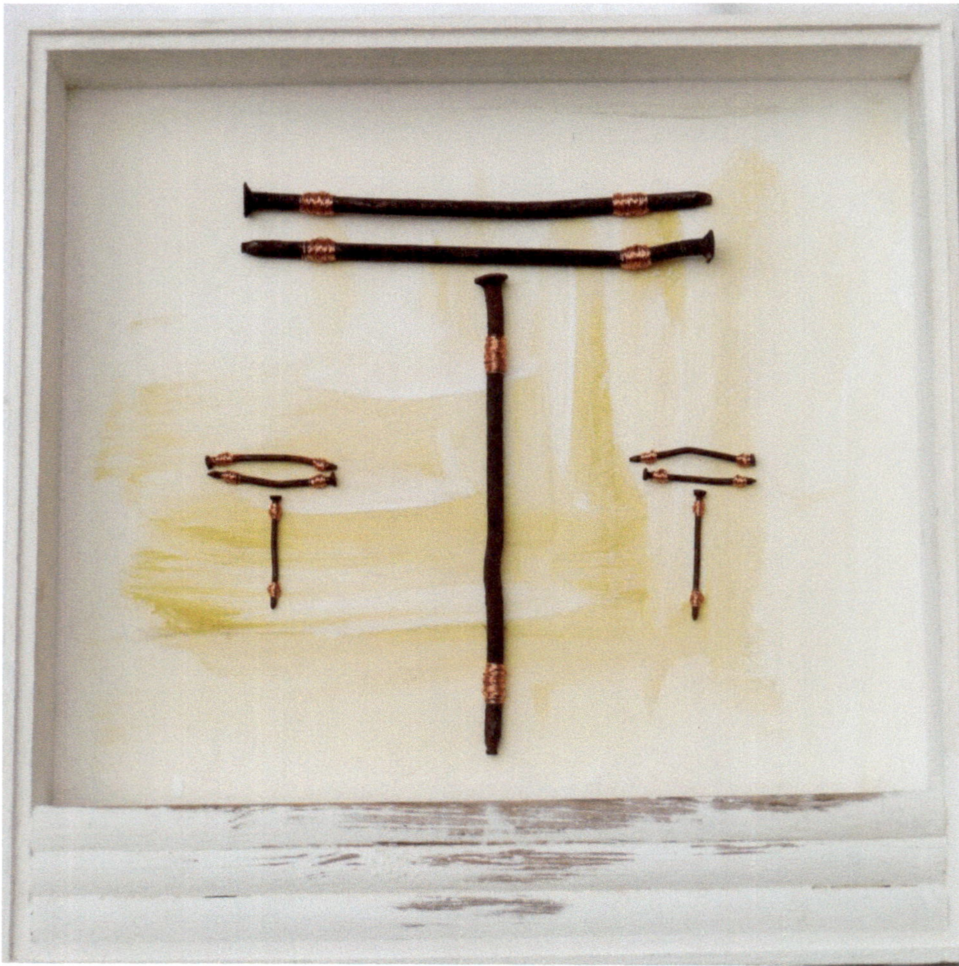

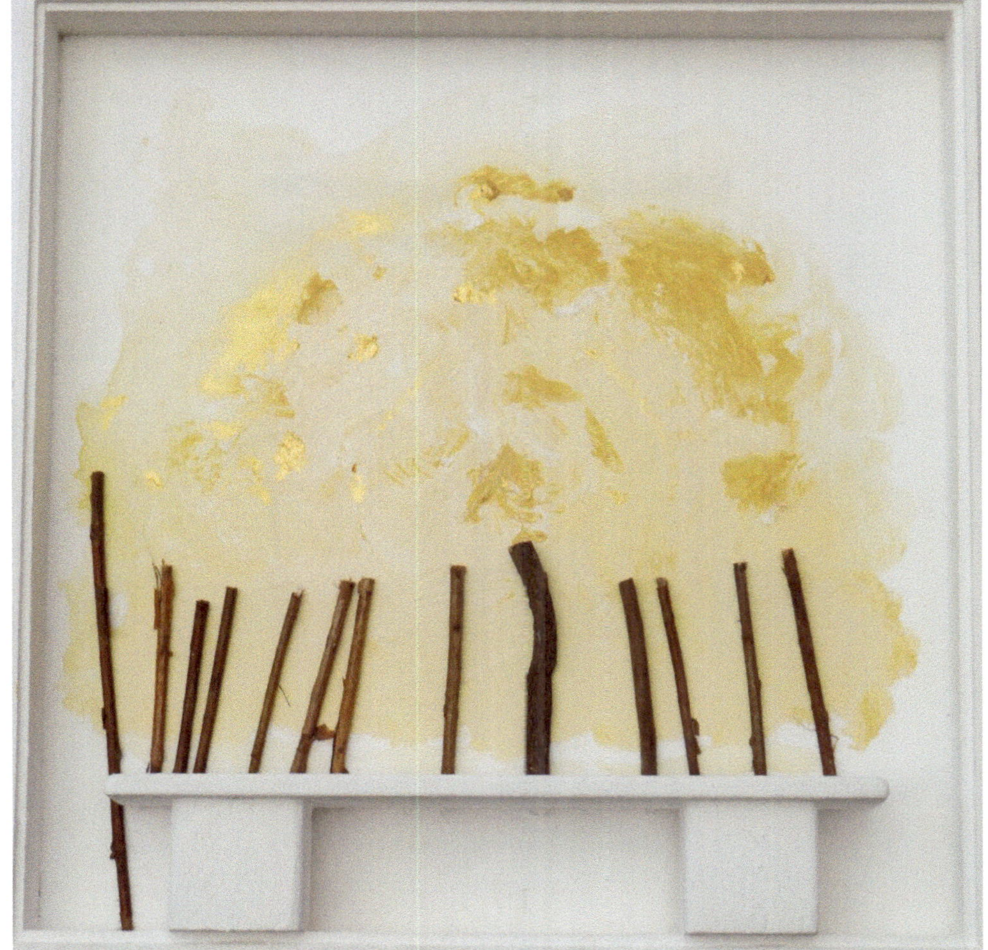

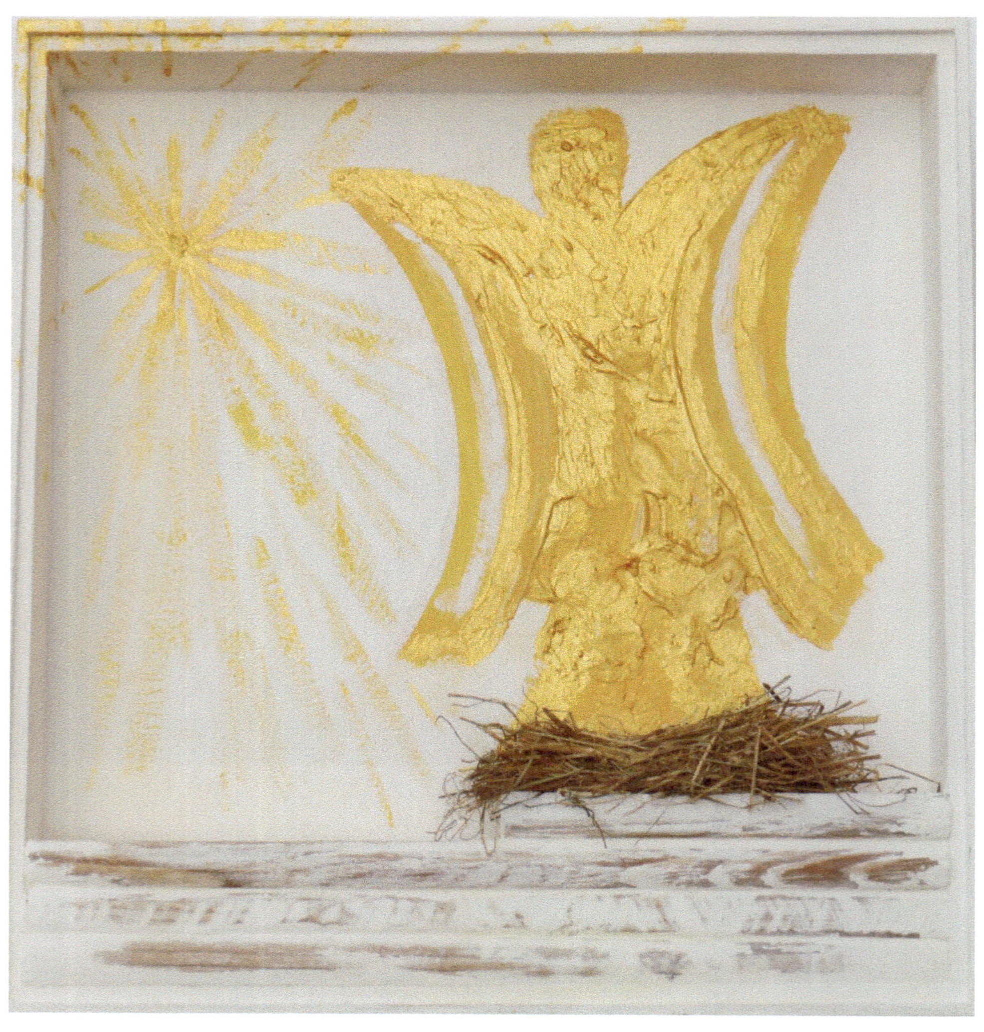

Neues Testament

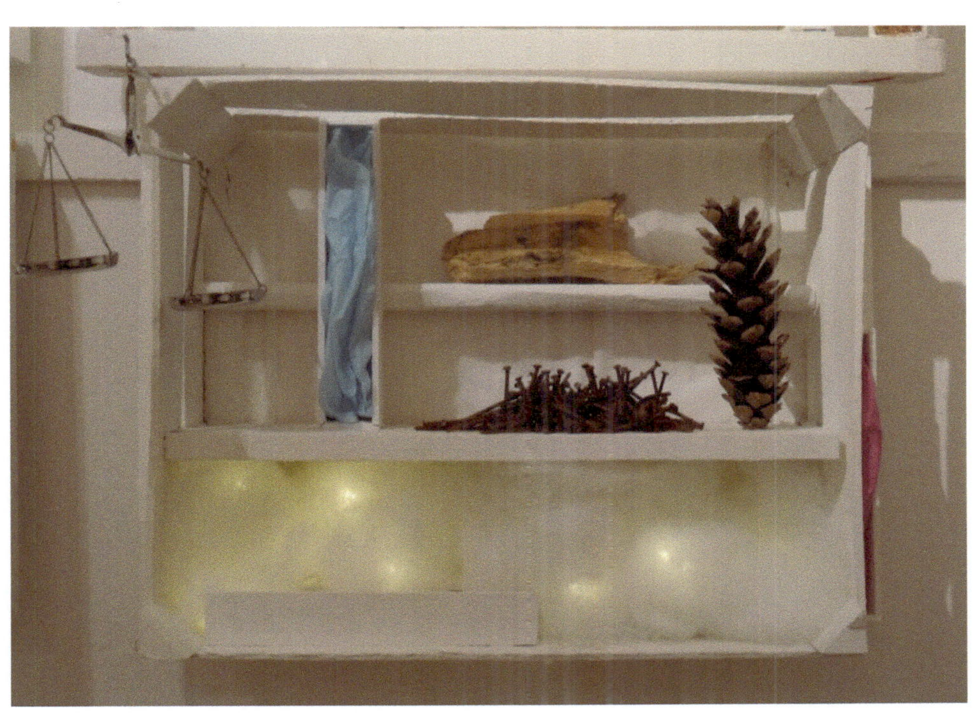

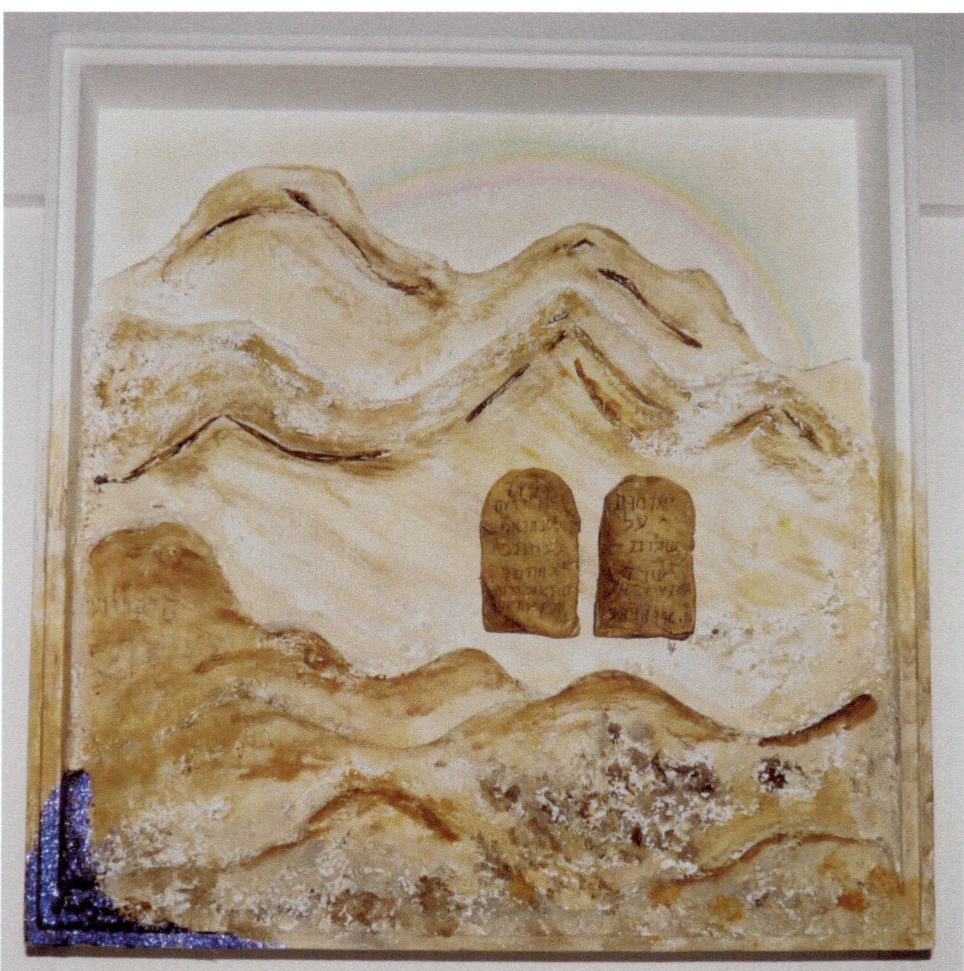

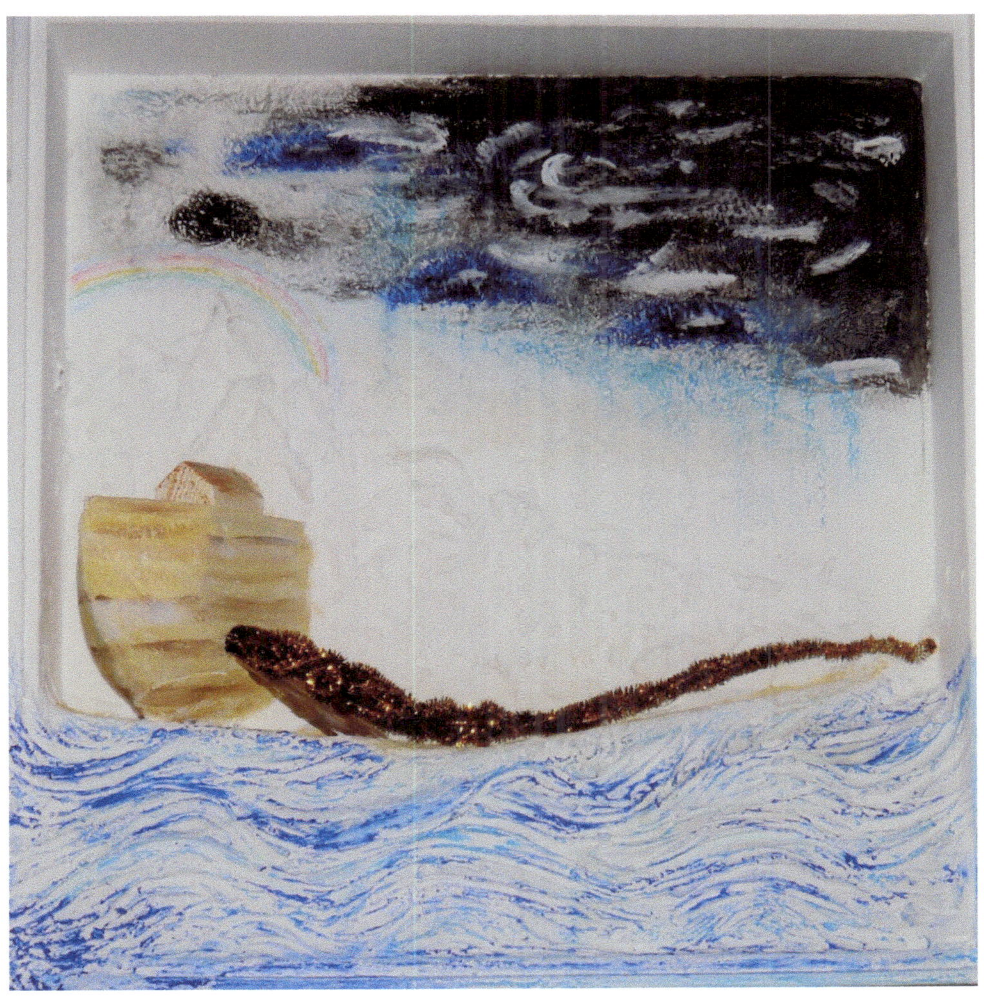

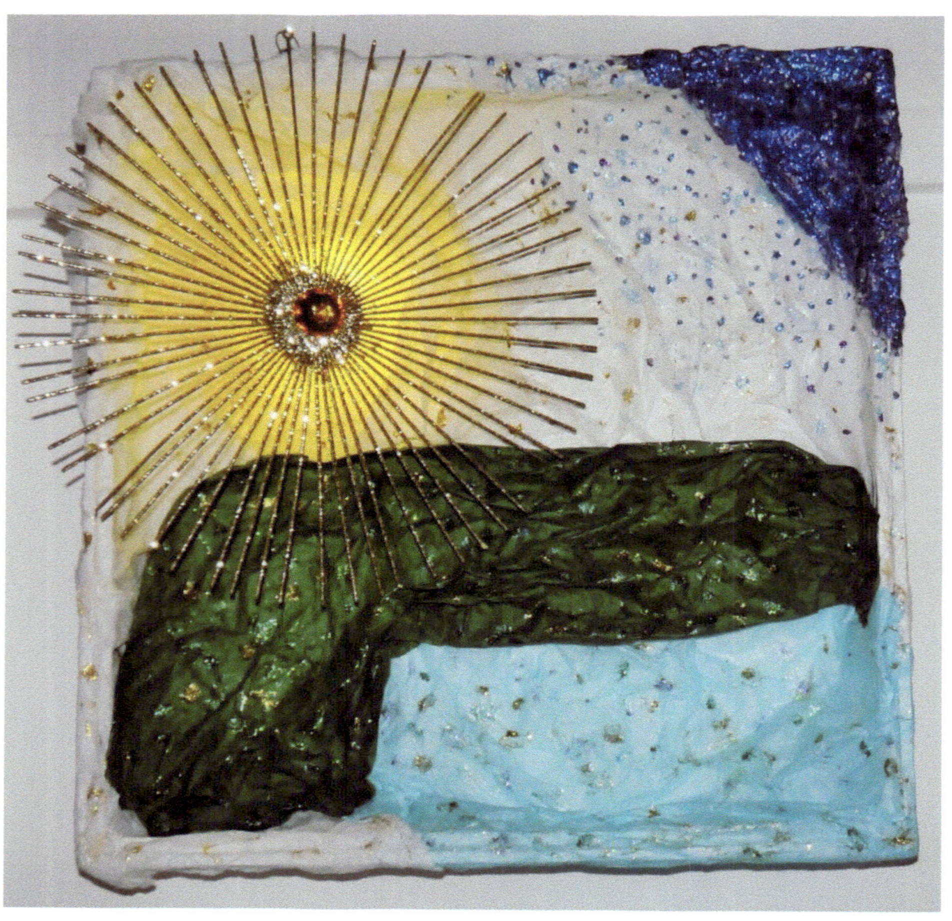

Sakrale Kunst, Motivkästen
Altes Testament. Es herrschte Finsternis

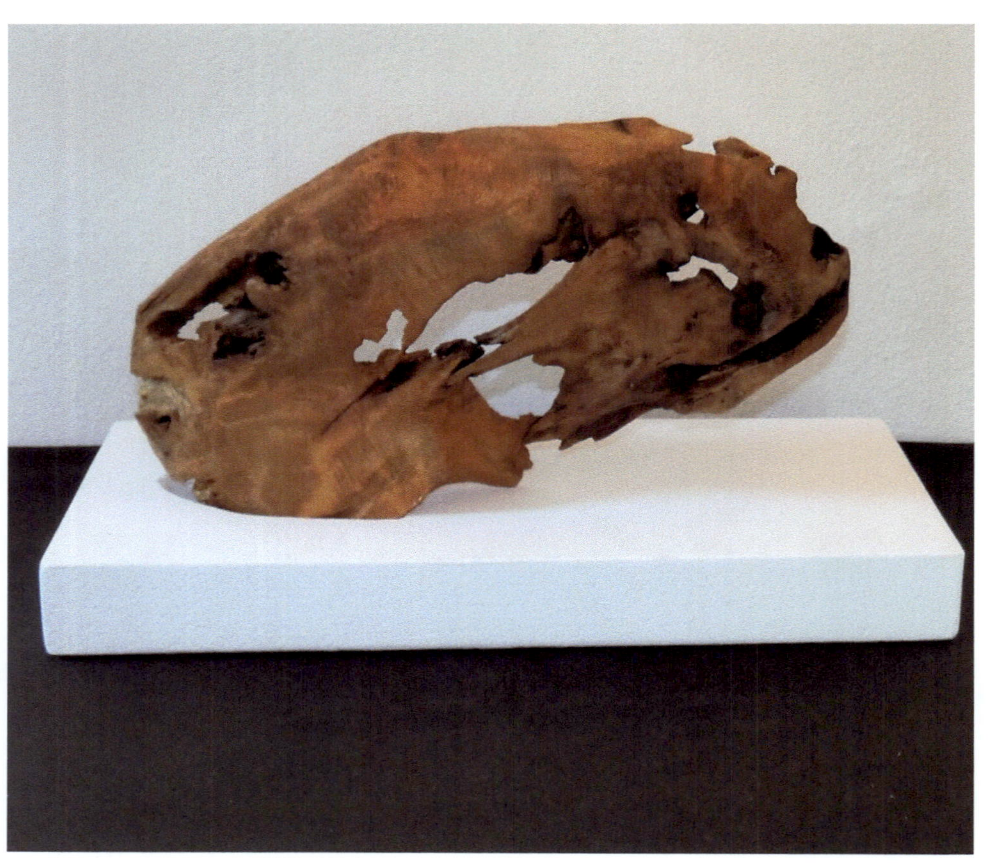

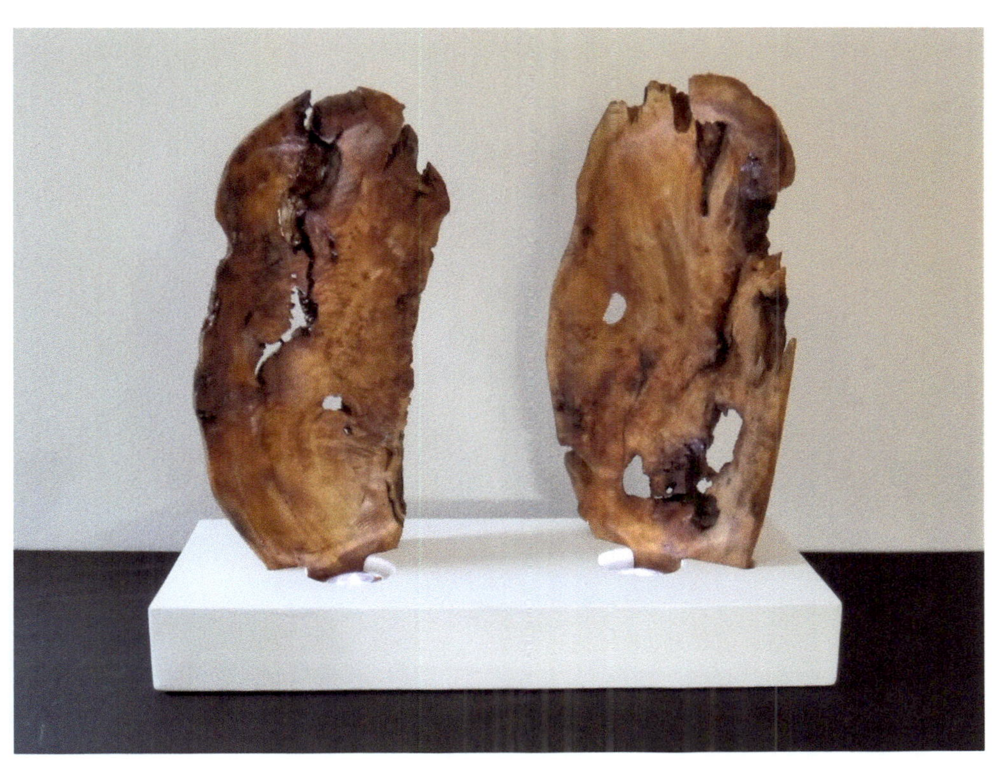

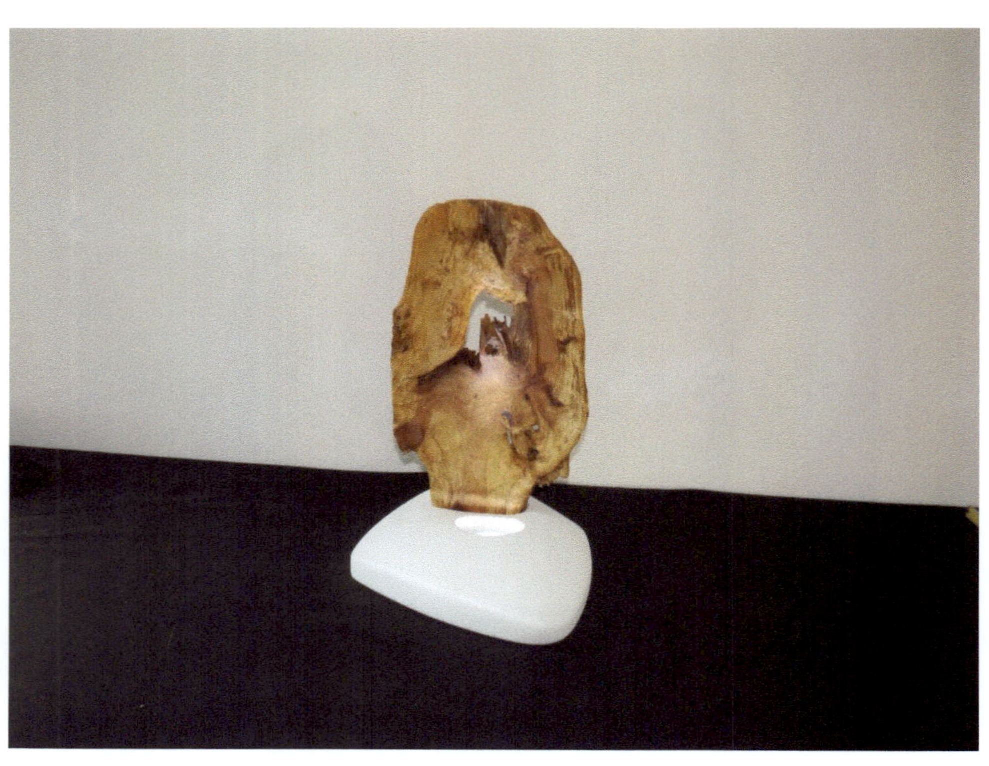

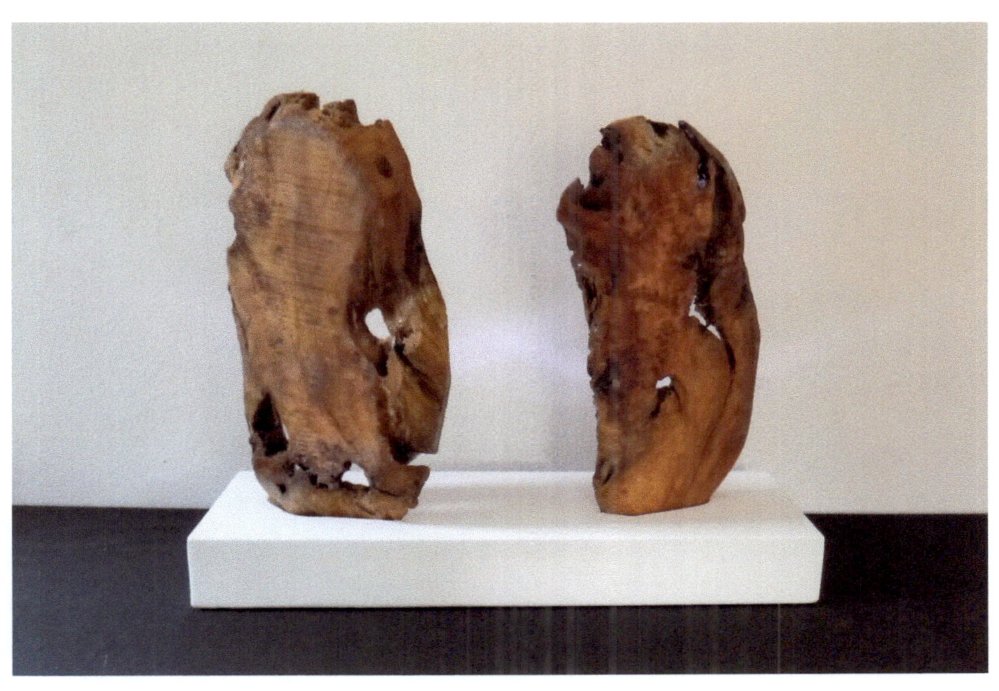

„Holz trifft Stein"
Aus altem Olivenholz entstehen neu Skulpturen
Jedes Element erhält einen individuellen Sockel und eine Beleuchtung

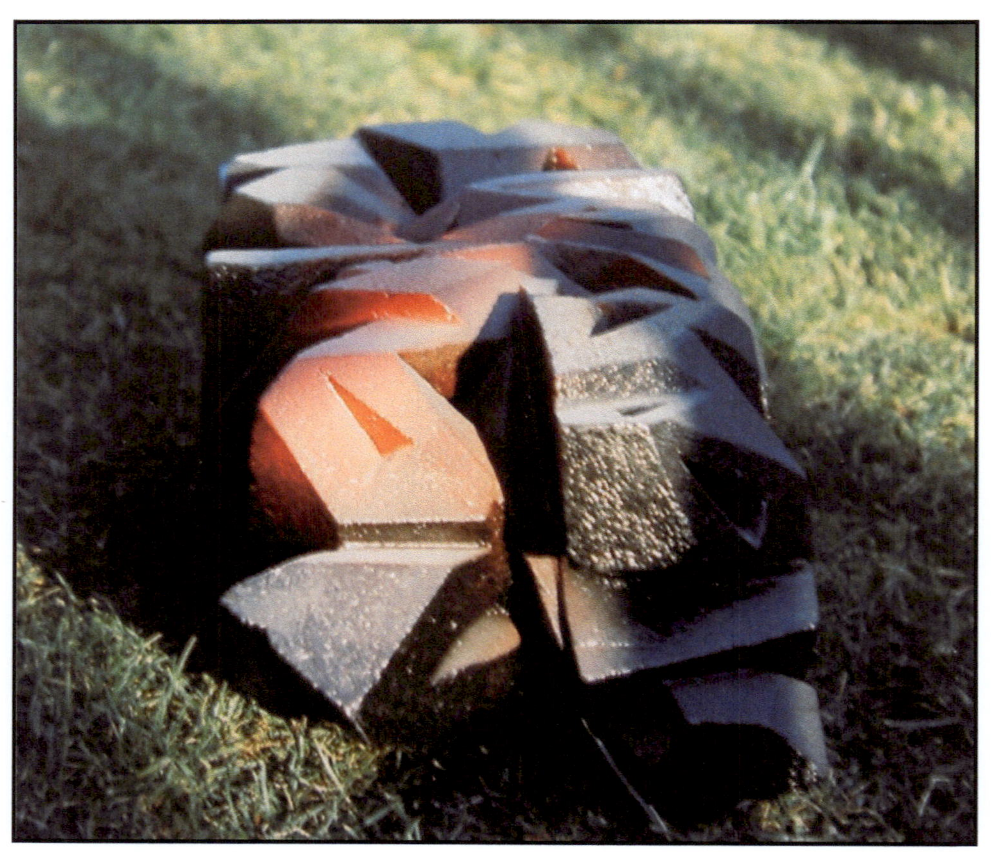

Hoyerswerda 1992

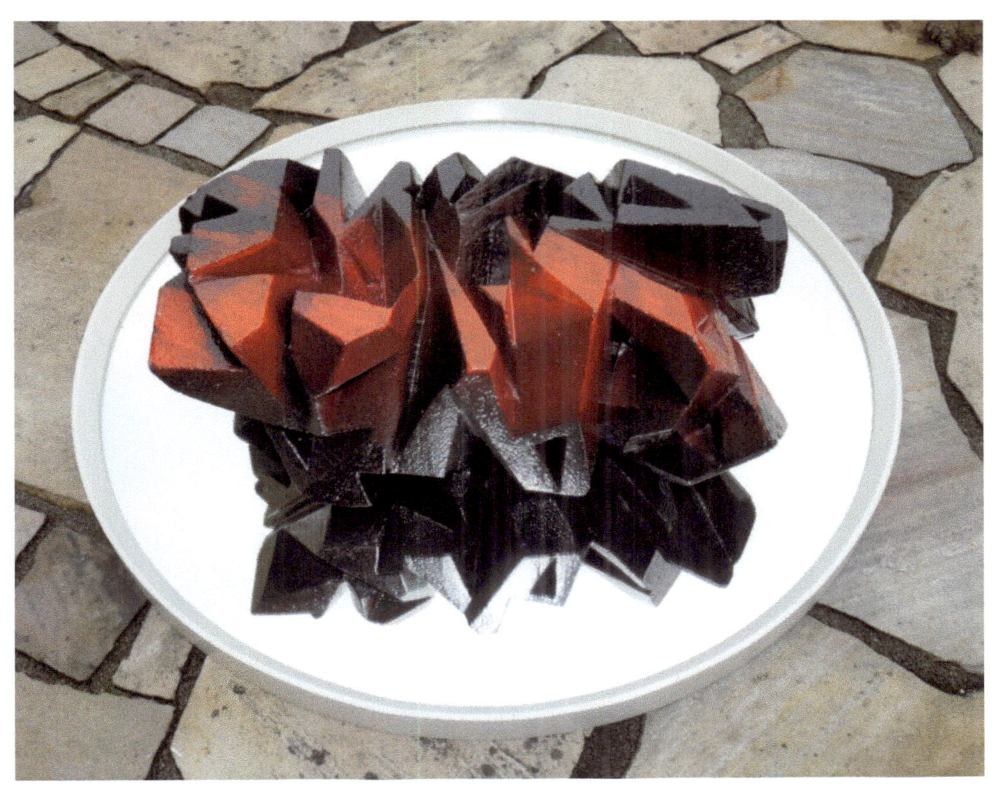

„Hoyerswerda" Zu den Ausschreitungen nach dem Mauerfall 1992
Aggression, Wut und Hass

Stein ca. 60 x 30 x 30 cm. Gesamtgröße mit Spiegel ca. 100 cm im
Durchmesser

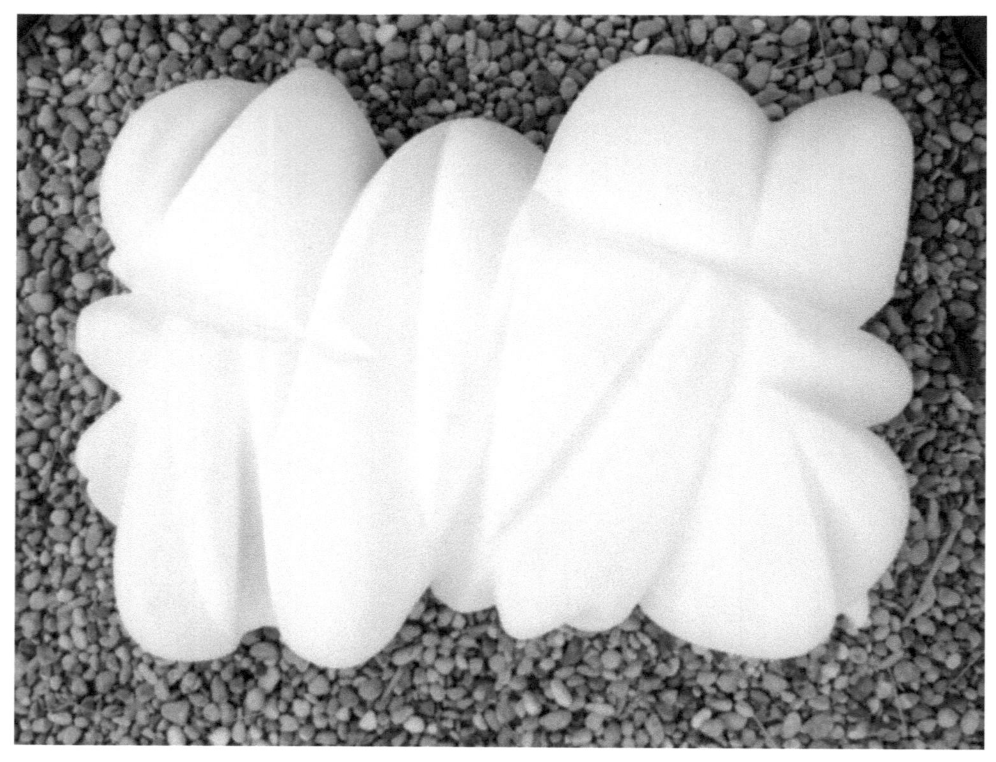

„Lichterkette" 1992, 60 x 40 x 40 cm

Nach der Teilnahme an der Demonstration gegen Fremdenfeindlichkeit
und Rassismus entsteht hierzu eine neue Skulptur,
ein Stein mit weichen Rundungen.
Ein gesellschaftlicher Hoffnungsschimmer versprüht unschuldiges Weiß.

,

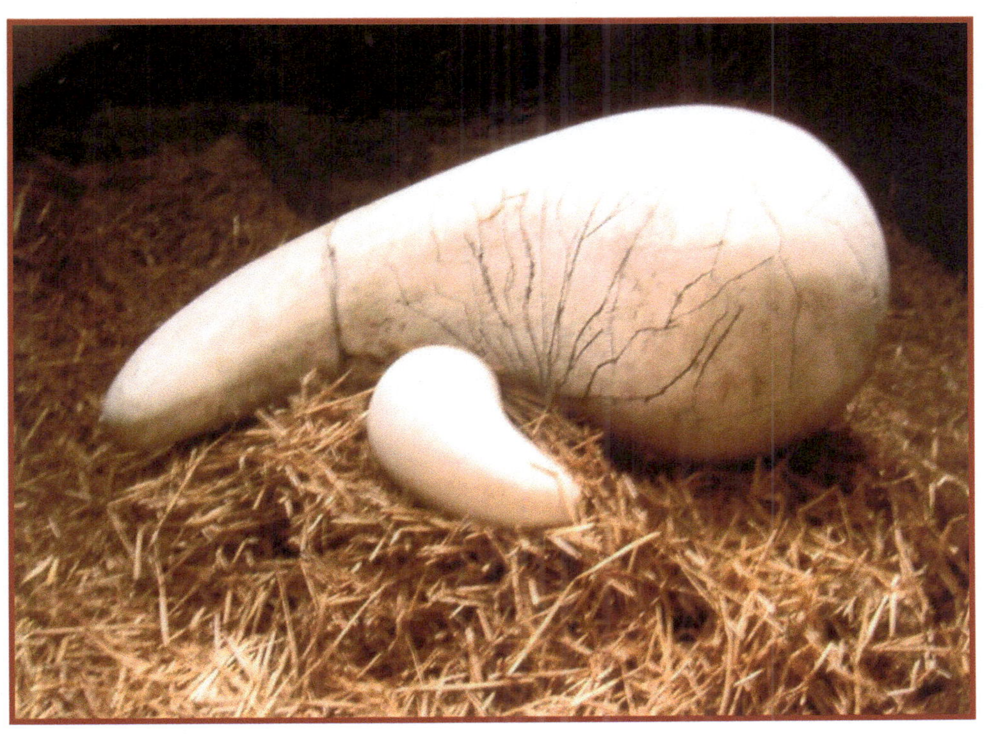

Eine Mutter hält ihr Neugeborenes in Schoß. Stein ca. 200 x 160 cm „Ei bringt Ei zur Welt"

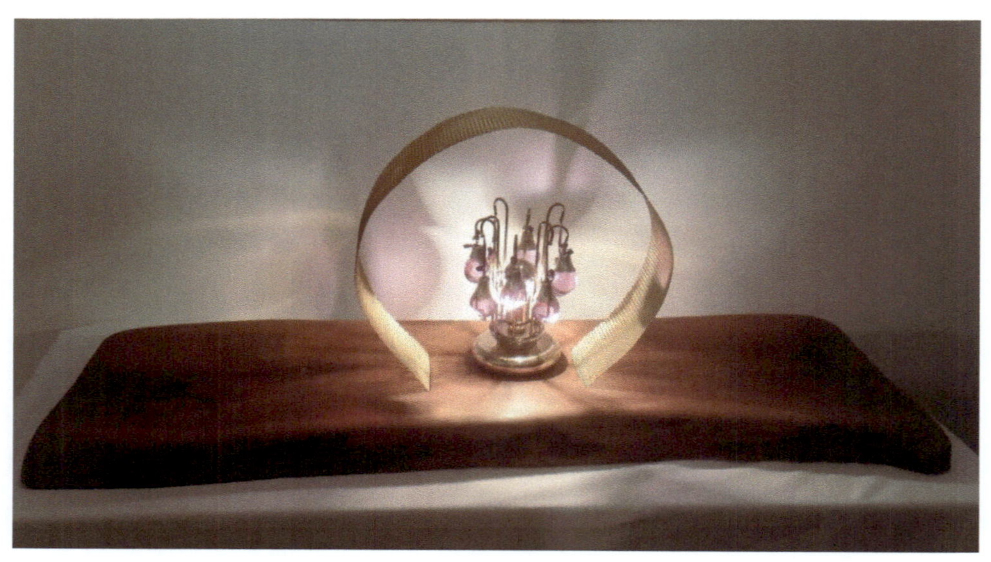

Variante mit Licht

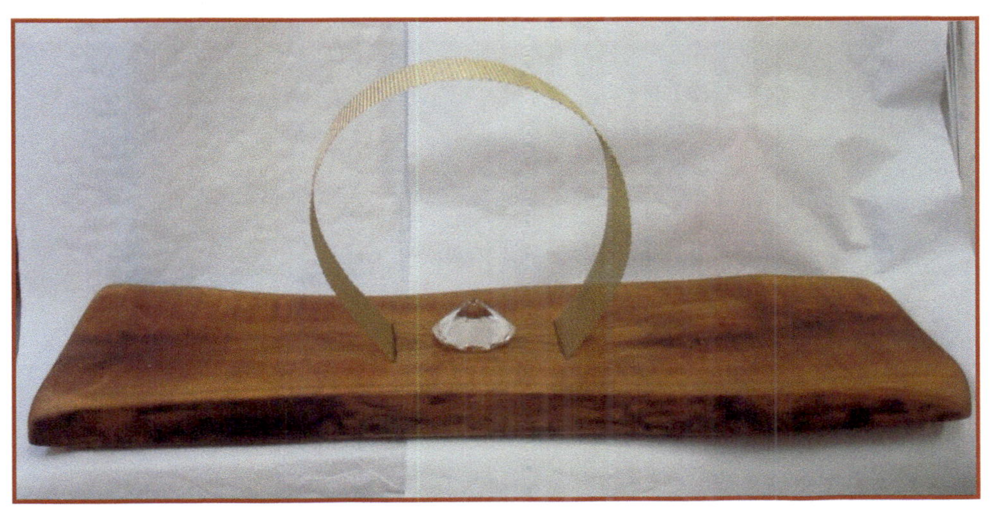

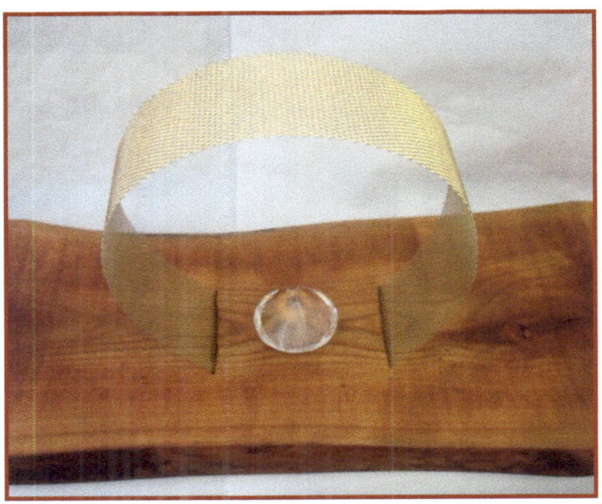

Kirchholz, Diamant und Edelstahl

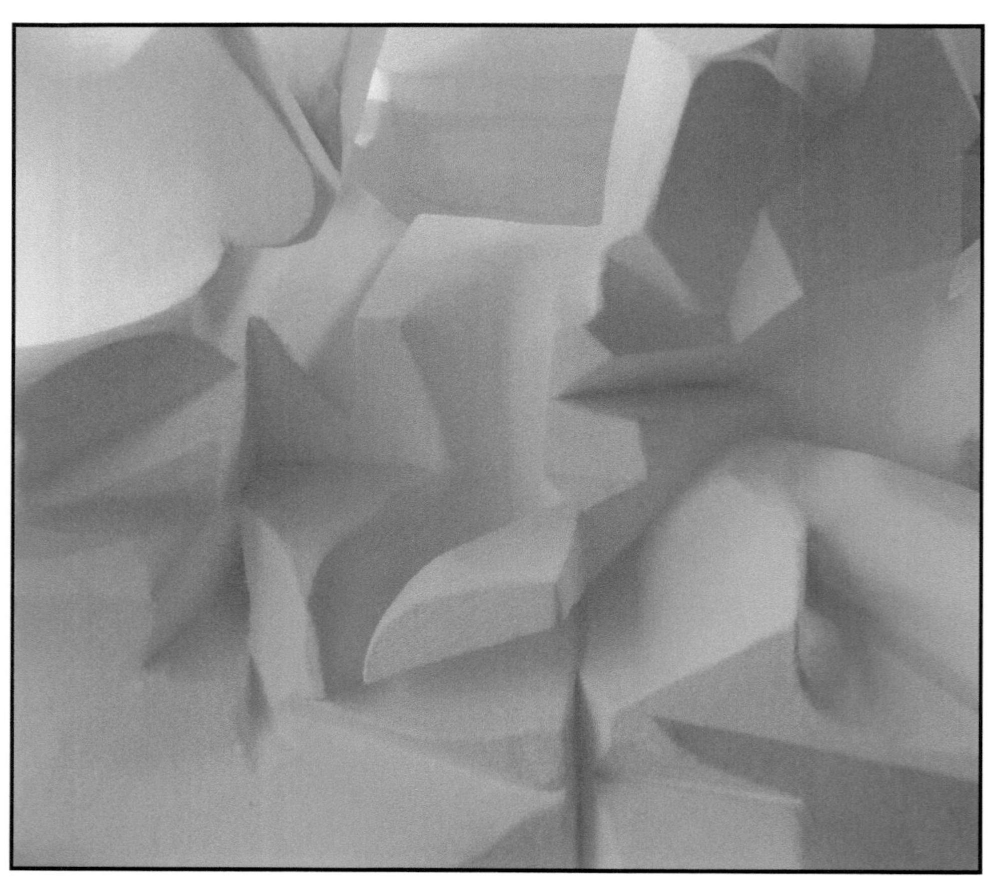

Detailansicht

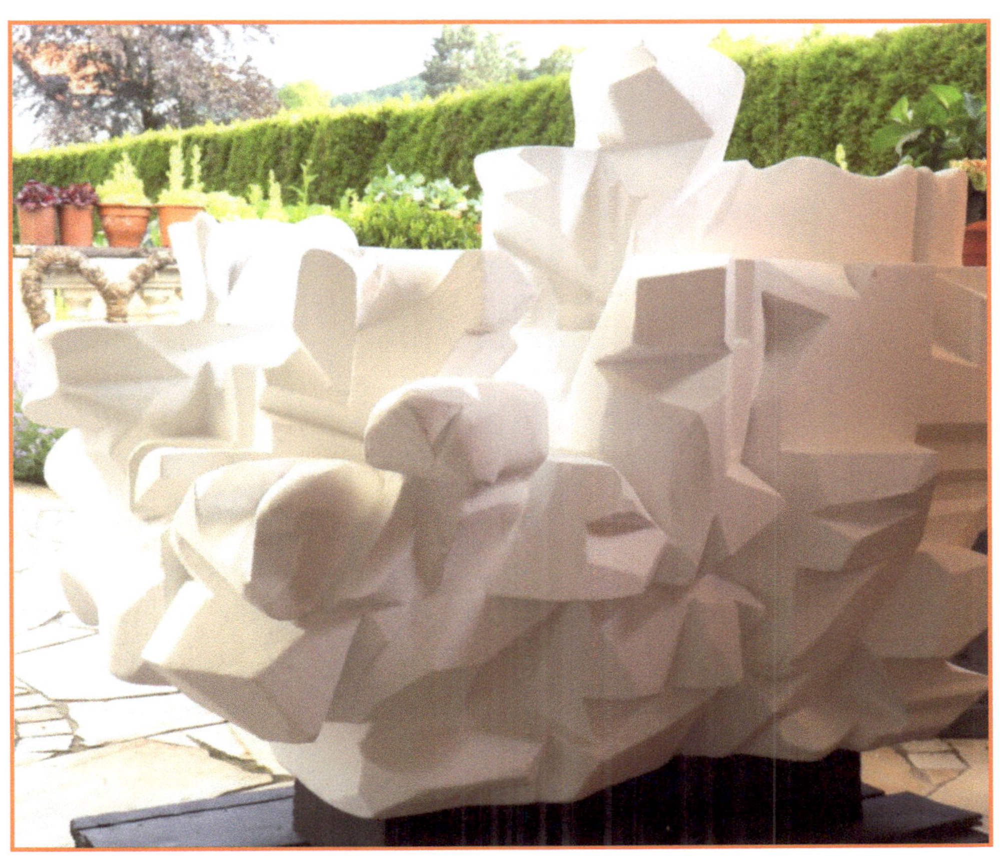

Kantige Seite

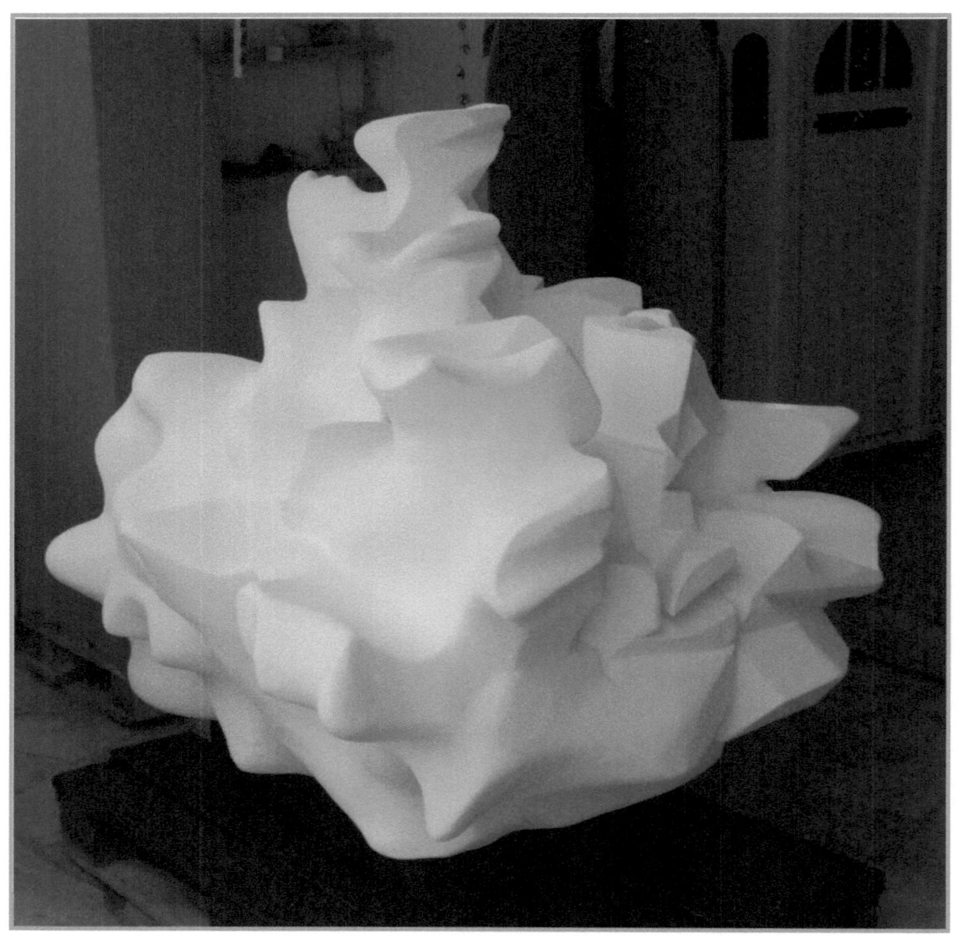

Runde, weiche Seite
Stein: Größe ca. 130 x 120 x 130 cm „Existenzstein auf der einen Seite
weich und rund, kaum dreht man sich um wird´s kantig.“

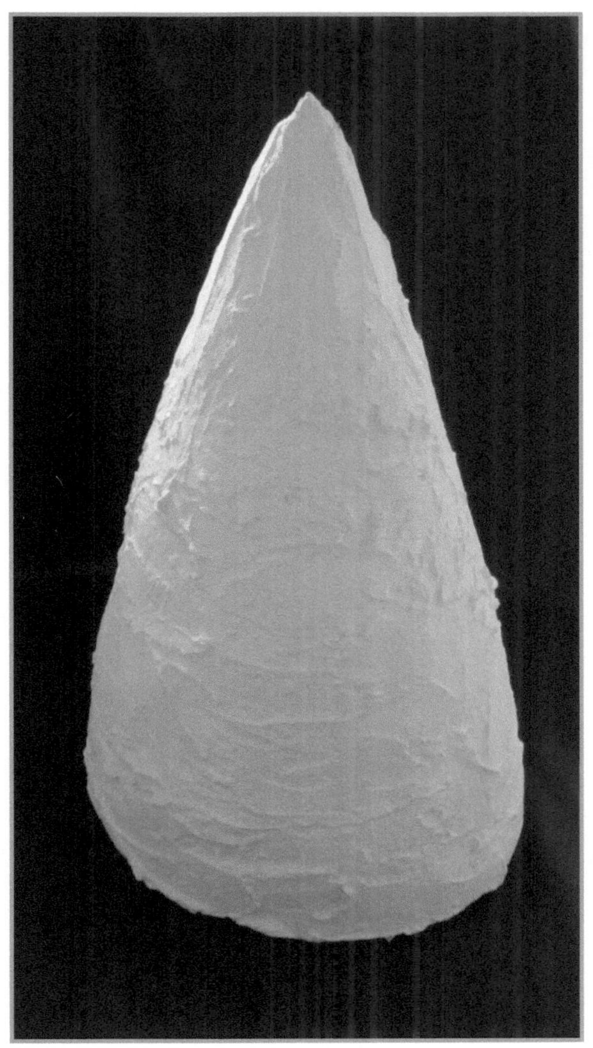

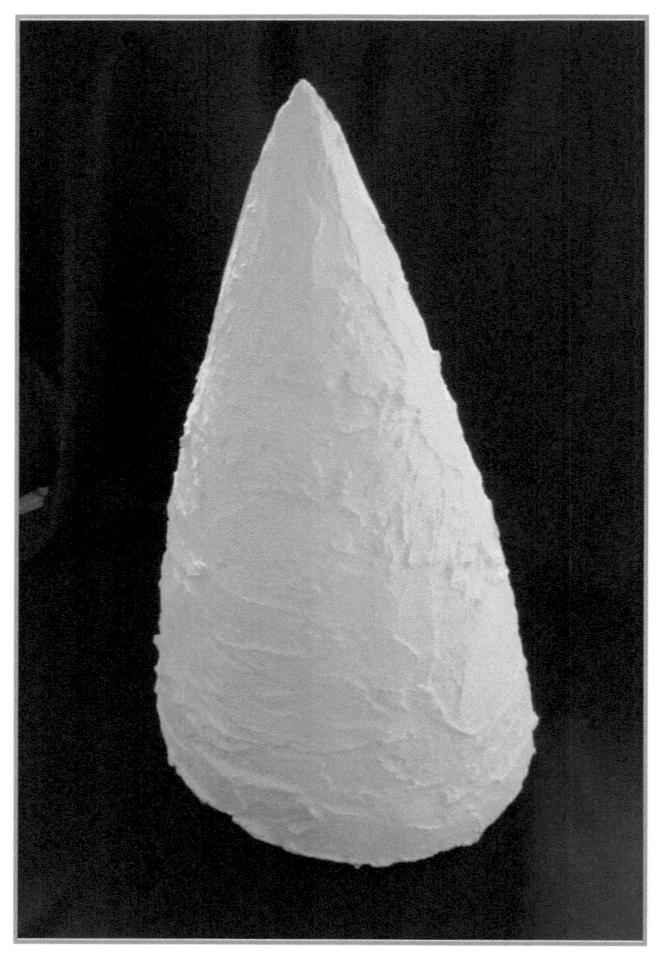

Stein, Höhe ca. 70 cm

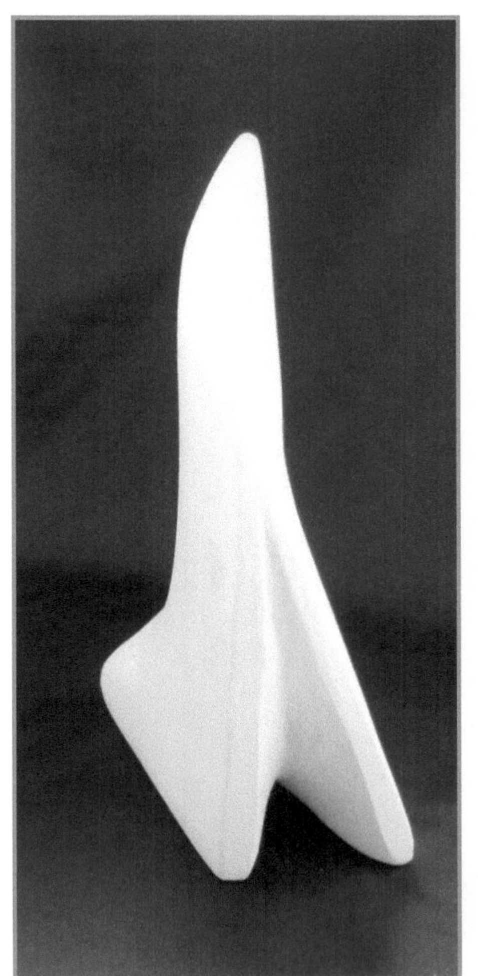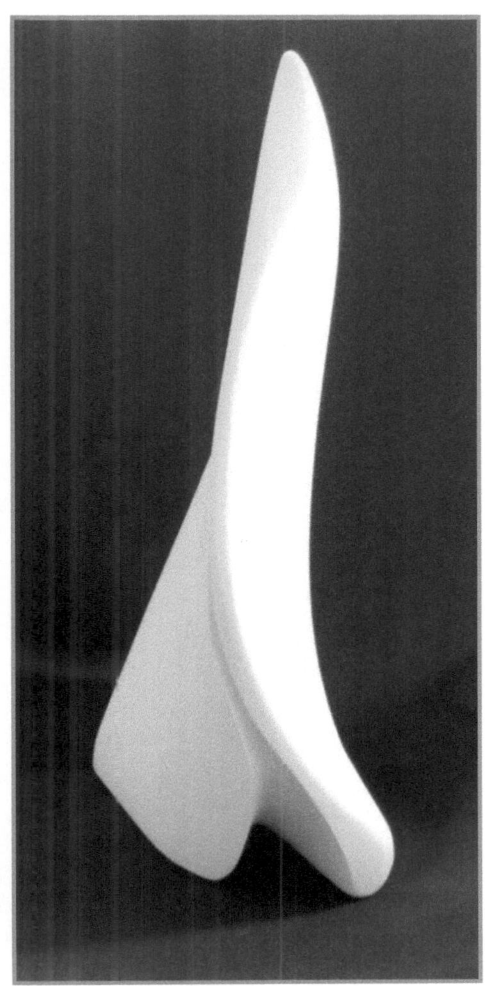

Stein Höhe ca. 50 cm „Segel"

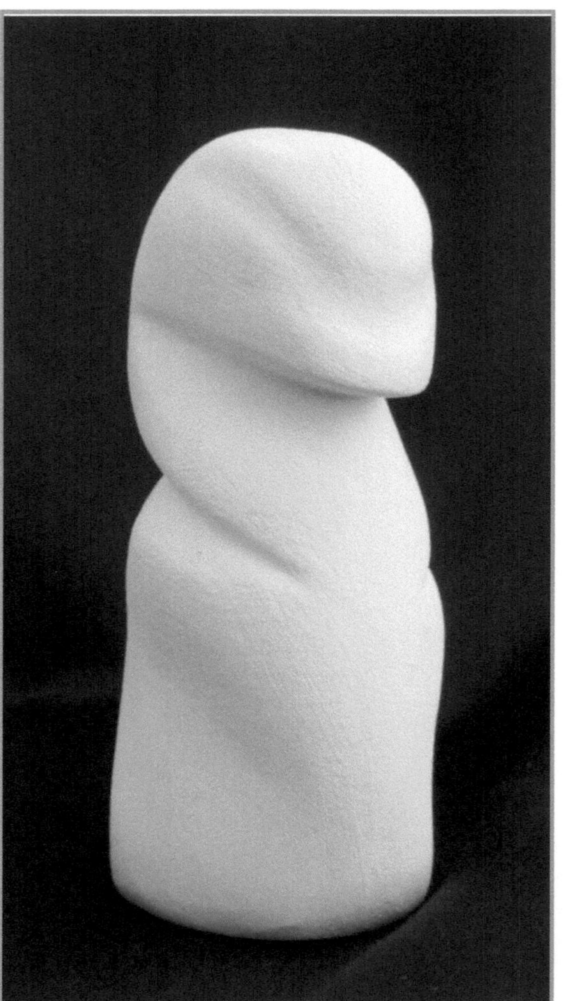

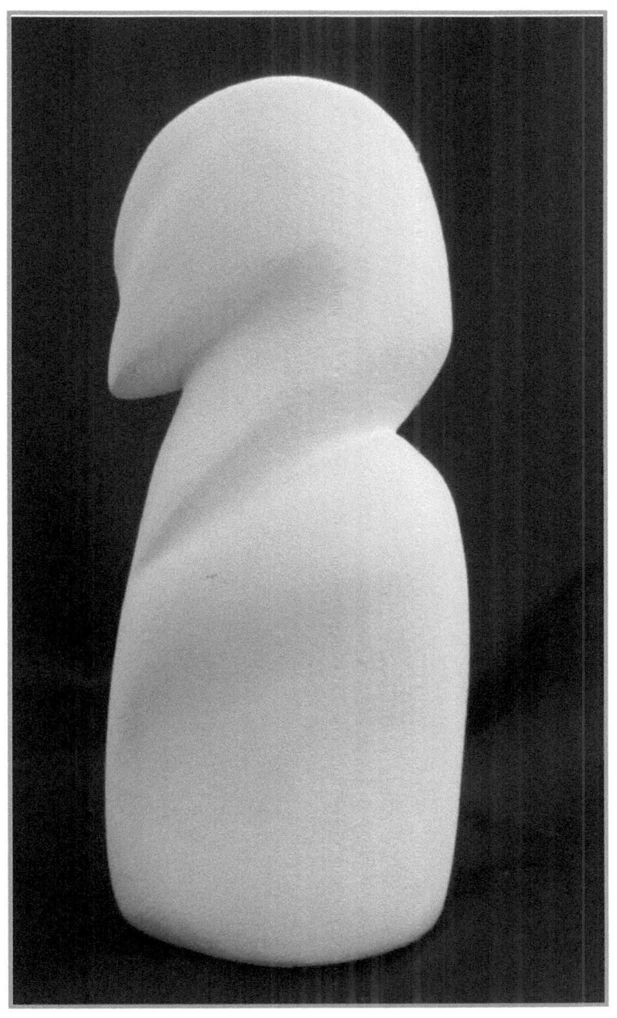

Stein Höhe ca. 30 cm „Konkuna, der Kleine"

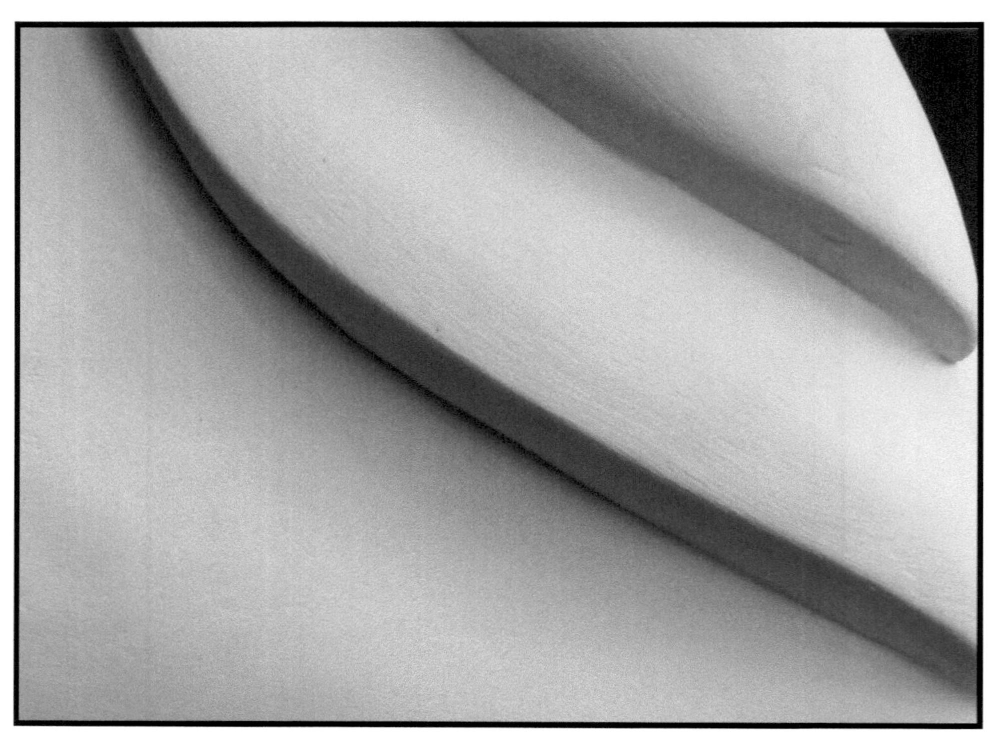

„Konkuna" Detailansicht

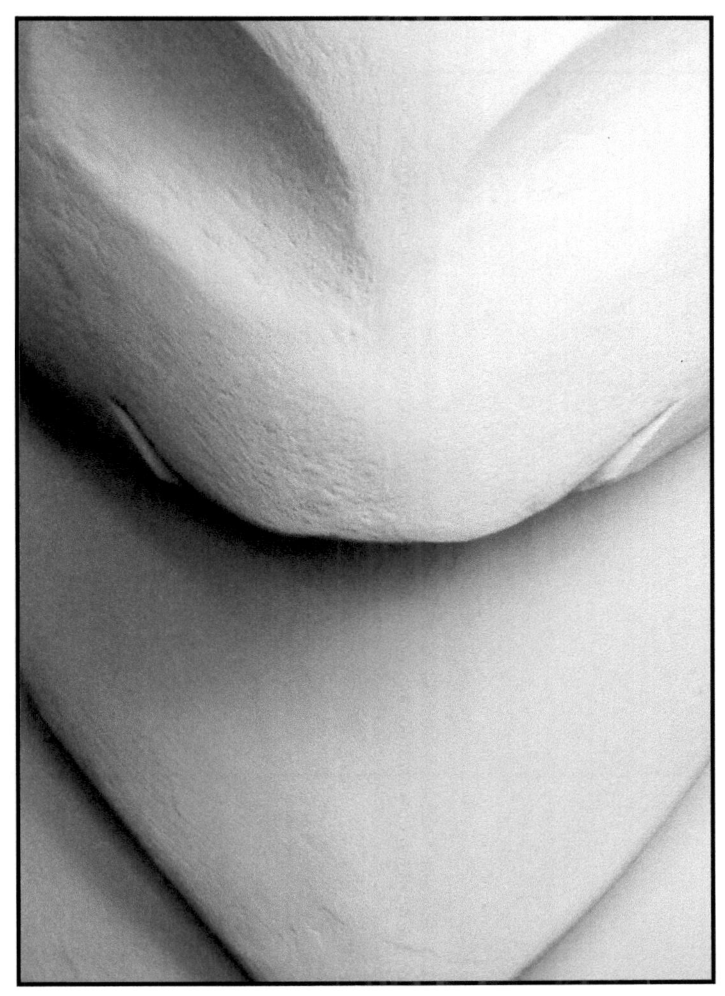

„Konkuna" Detailansicht

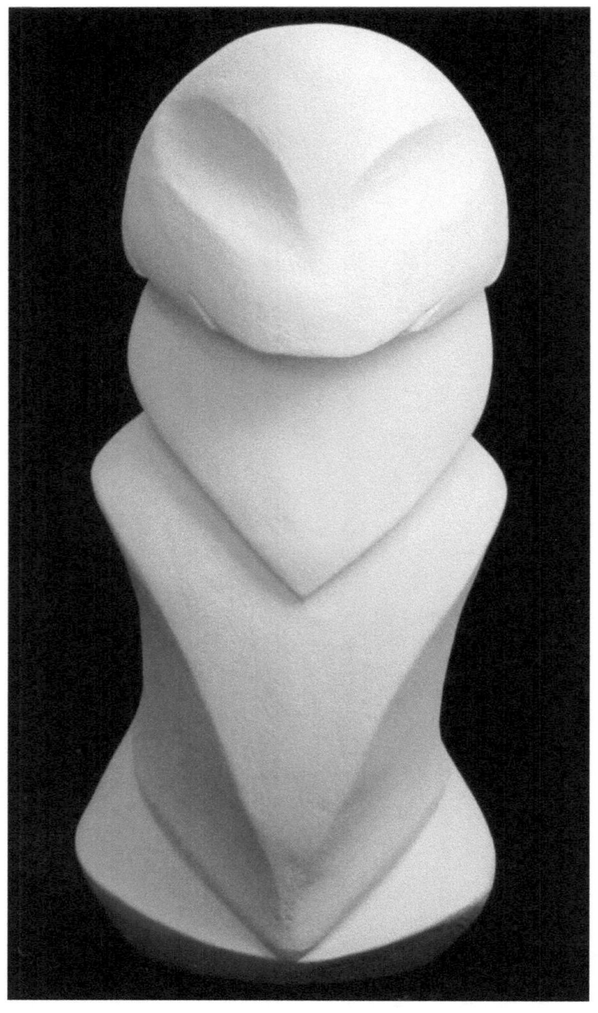

Stein Höhe ca. 140 cm „Konkuna, der Außerirdische"

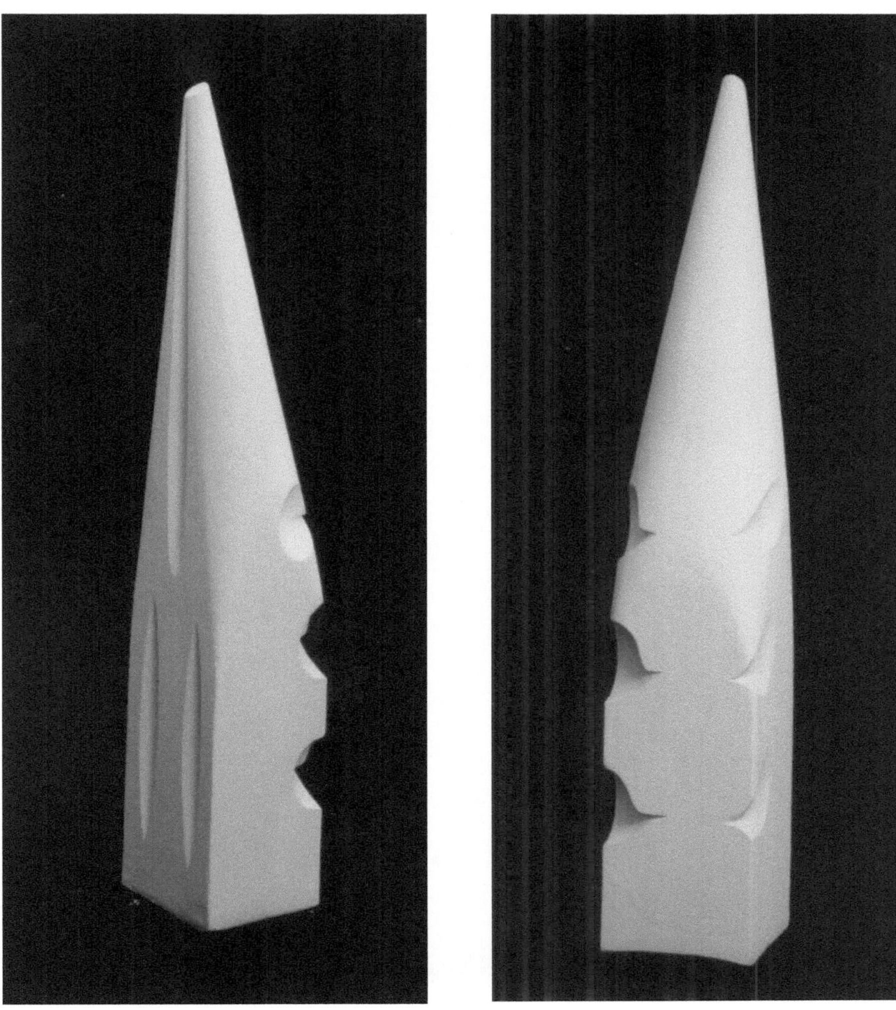

Stein Höhe ca. 130 cm „Zahn der Zeit"

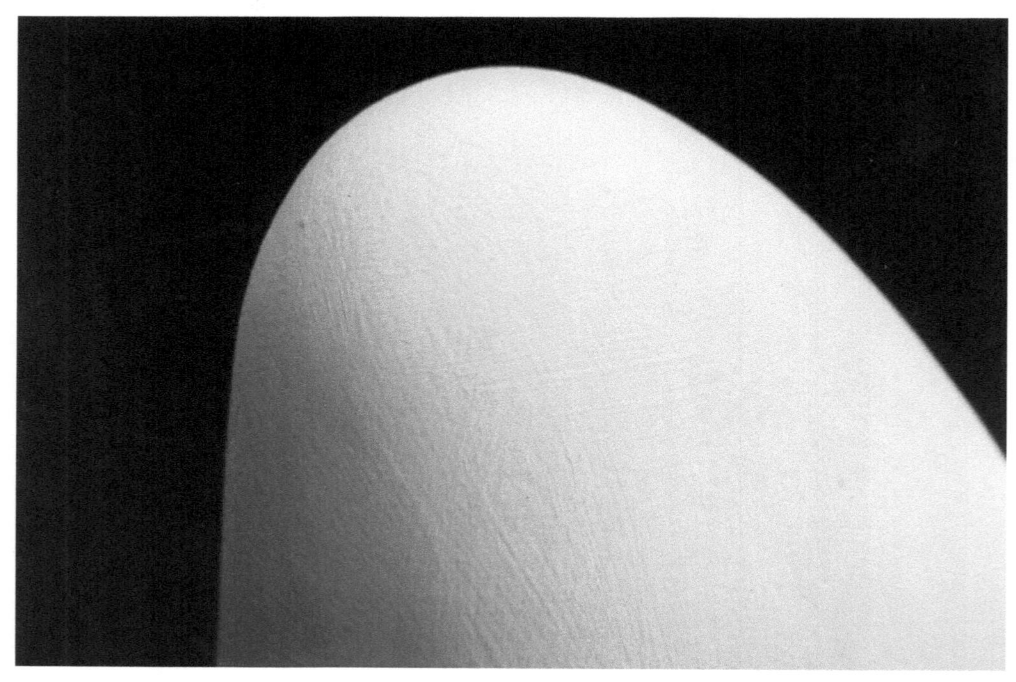

Detailansicht

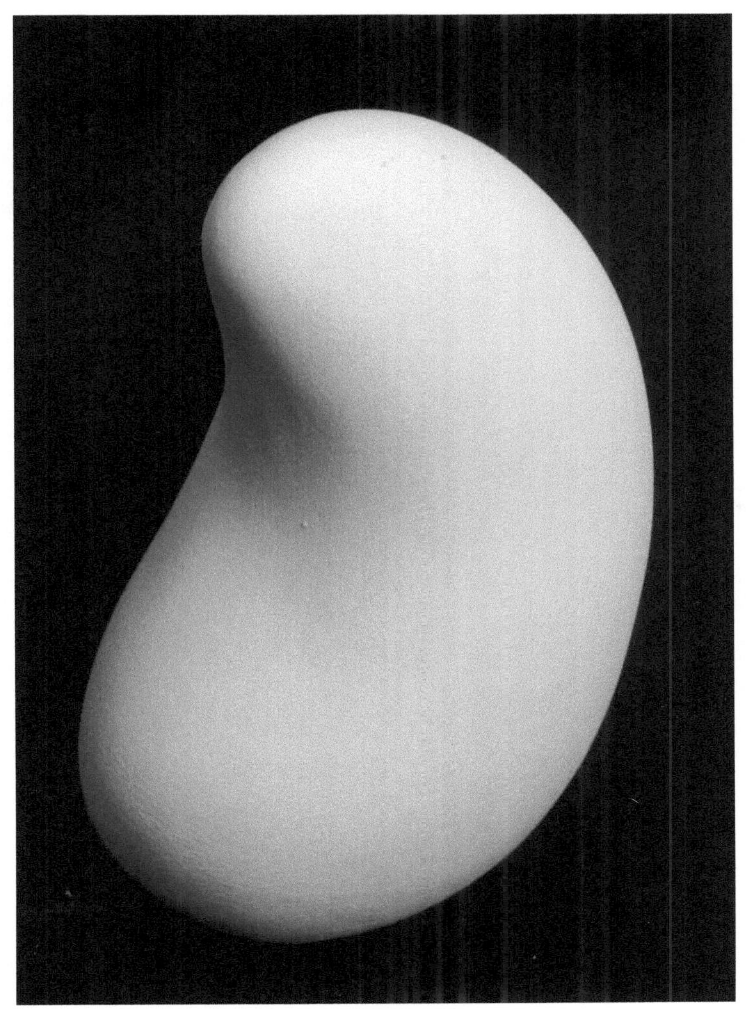

Stein Höhe ca. 40 cm „Das Neugeborene"

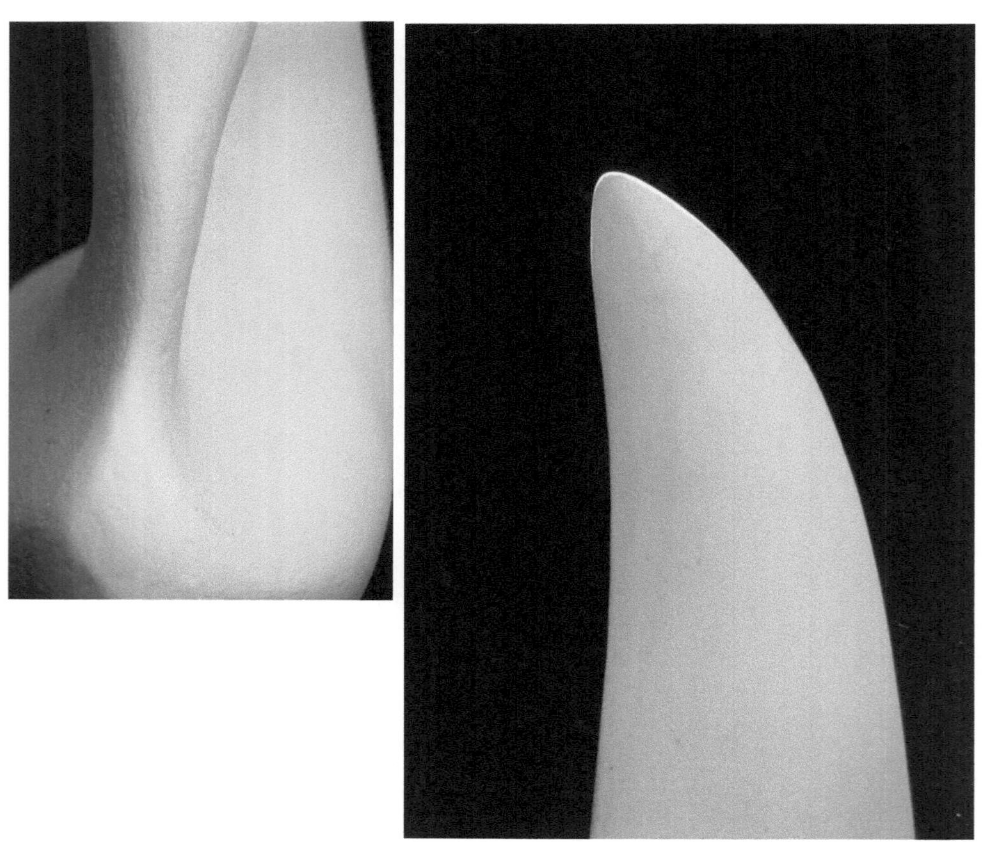

Stein Höhe ca. 130 cm „Engelsflügel"

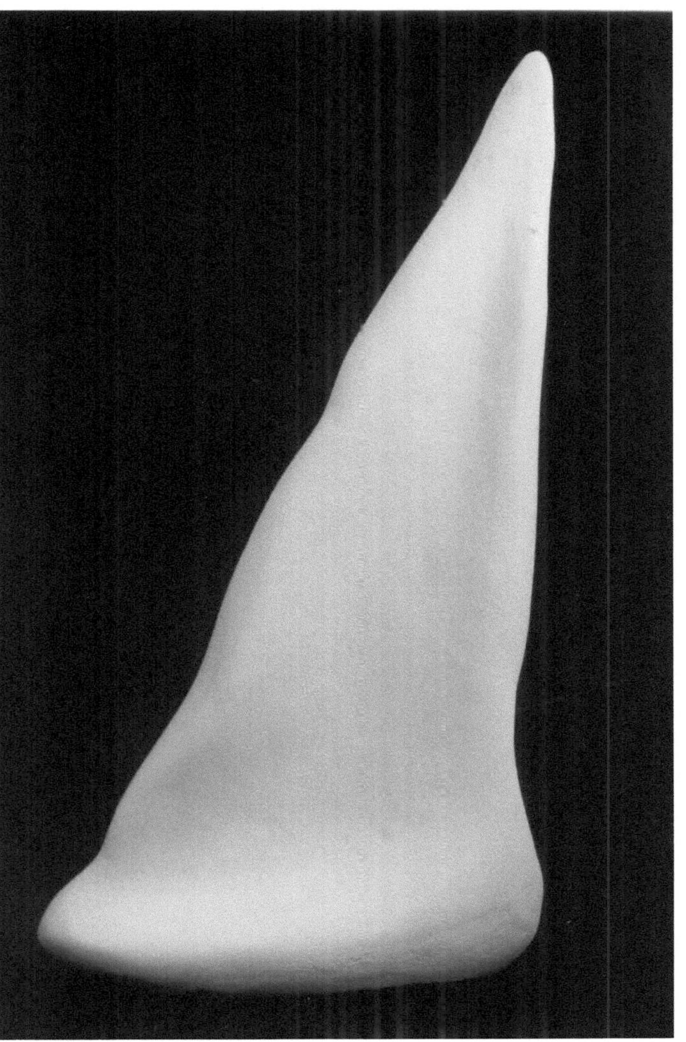

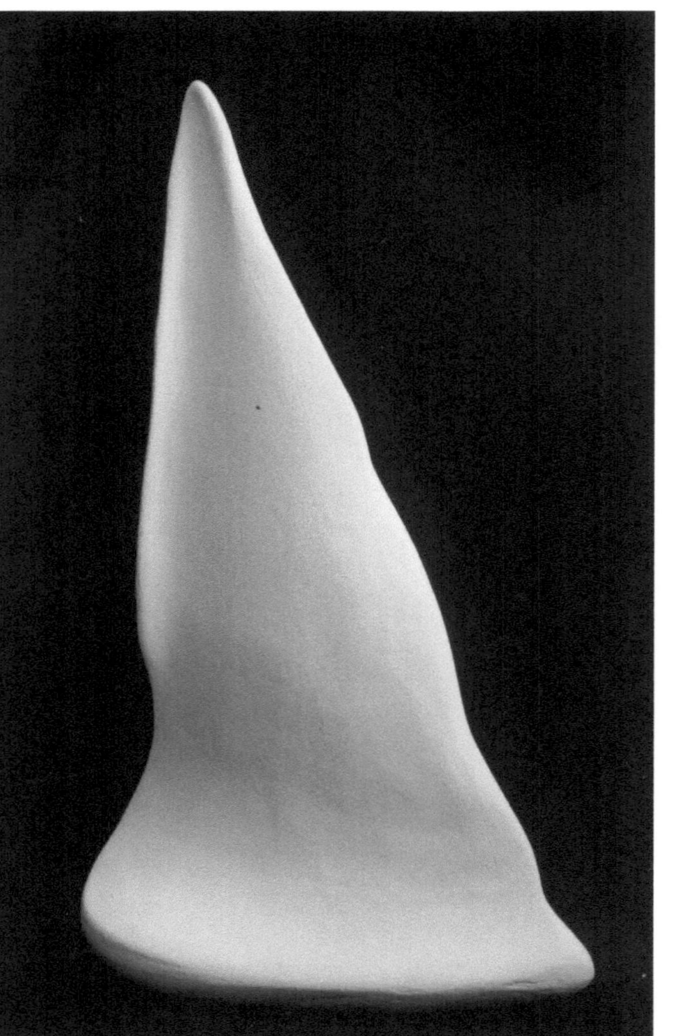

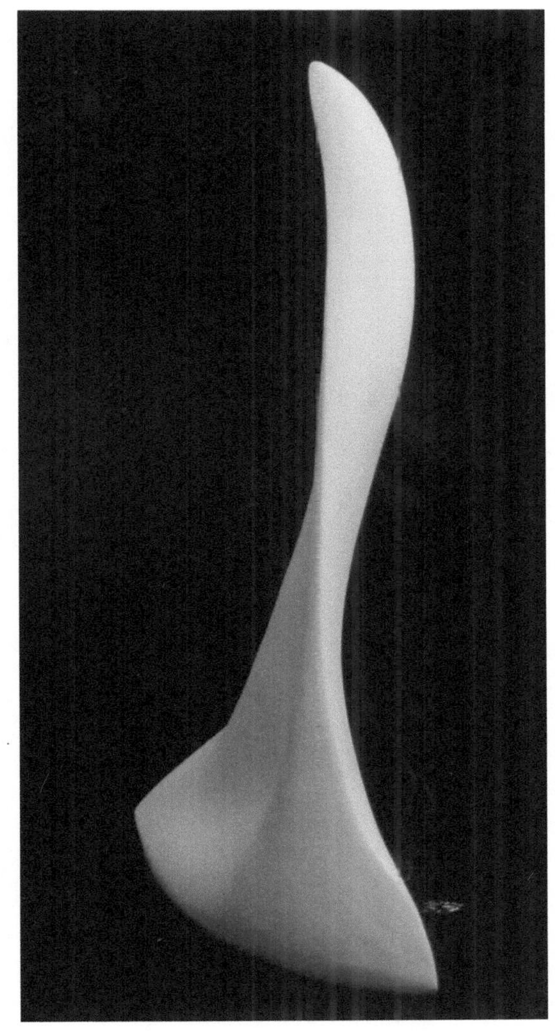

Stein Höhe ca. 140 cm „Engelsflügel“

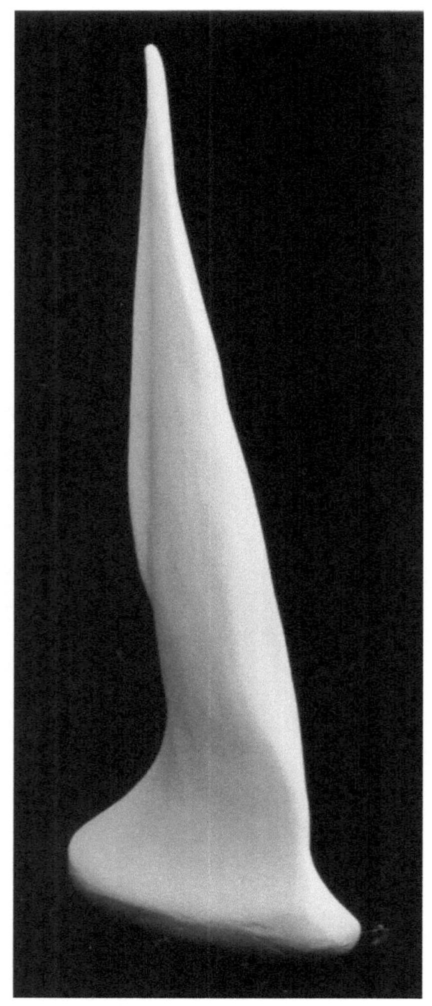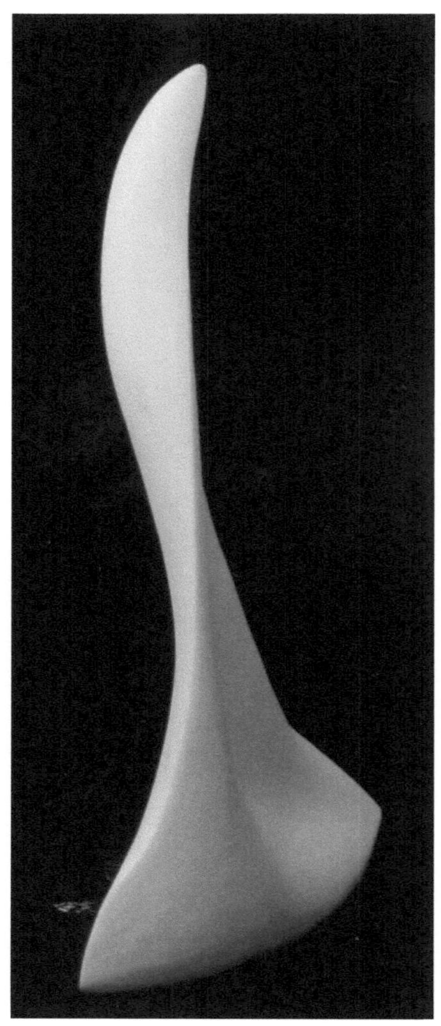

Stein Höhe ca. 135 cm „Engelsflügel"

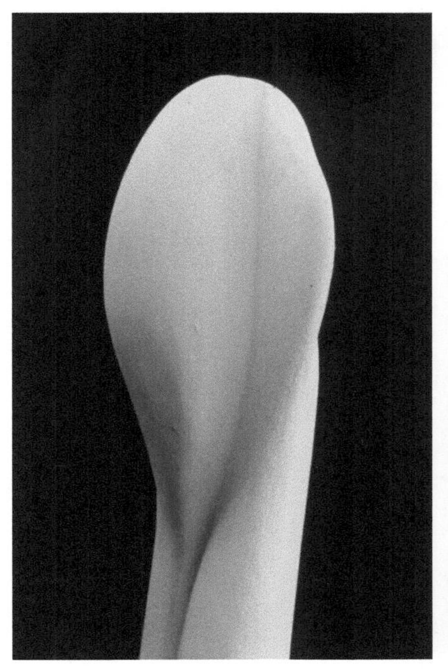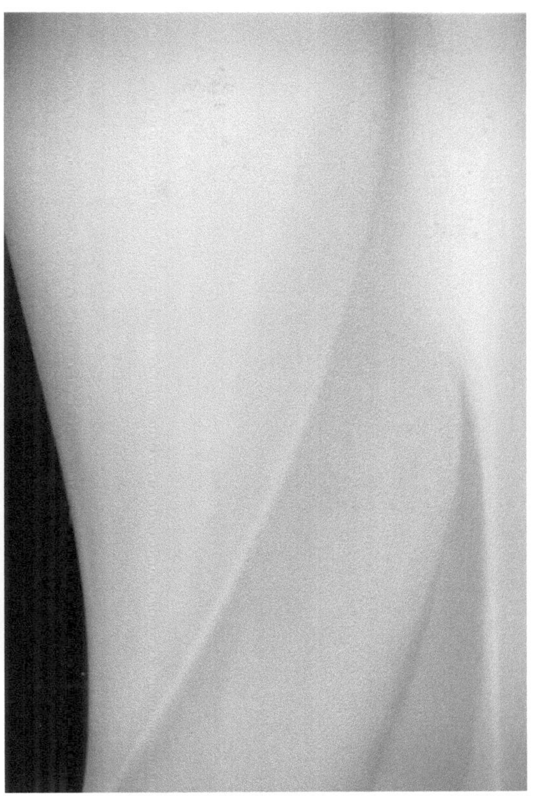

„Die Frau, die sich im Spiegel betrachtet"   Detailansicht

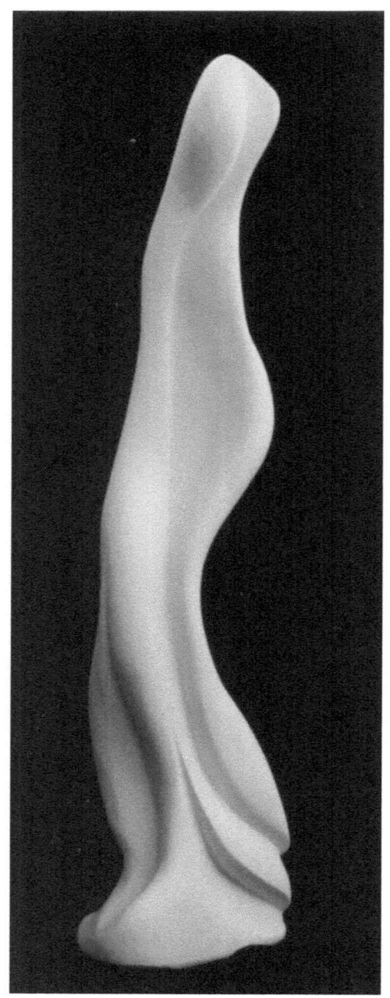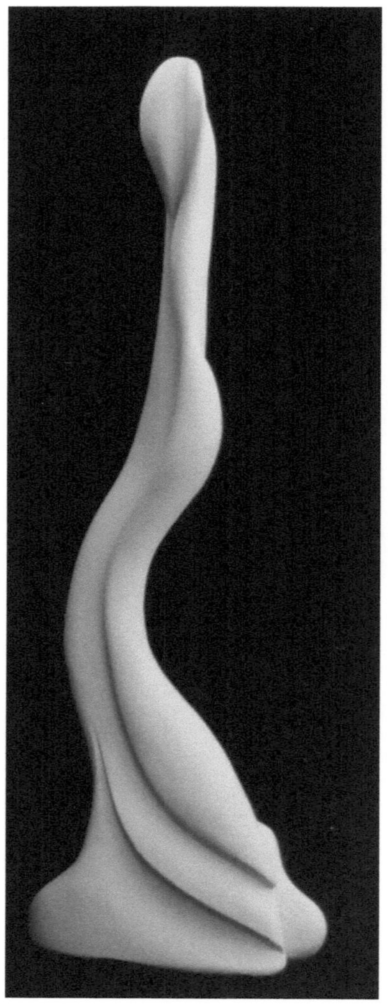

Stein Höhe ca. 195 cm „Die Frau, die sich im Spiegel betrachtet"

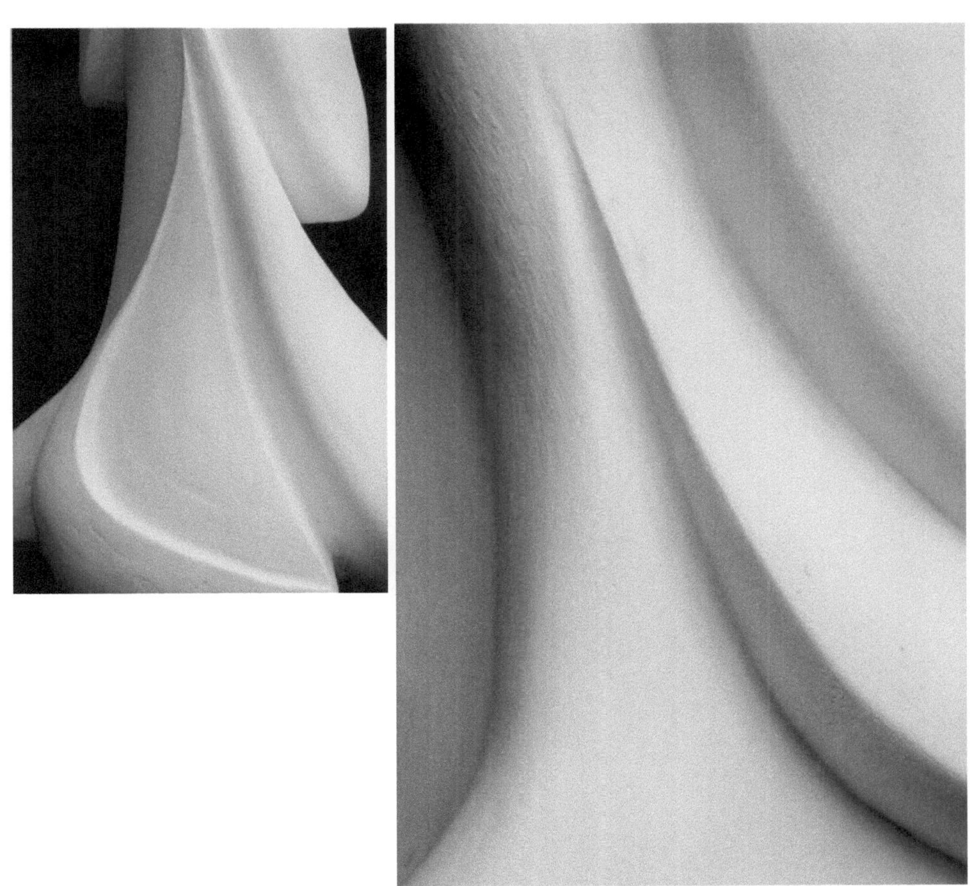

„Dame im Park" Detailansicht

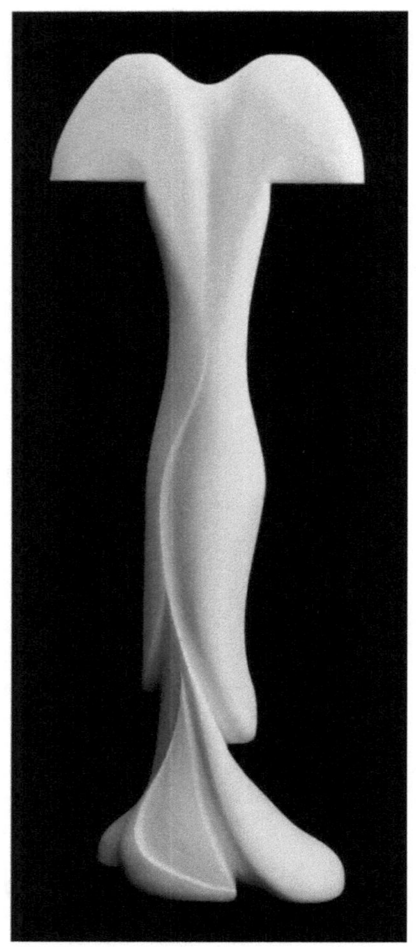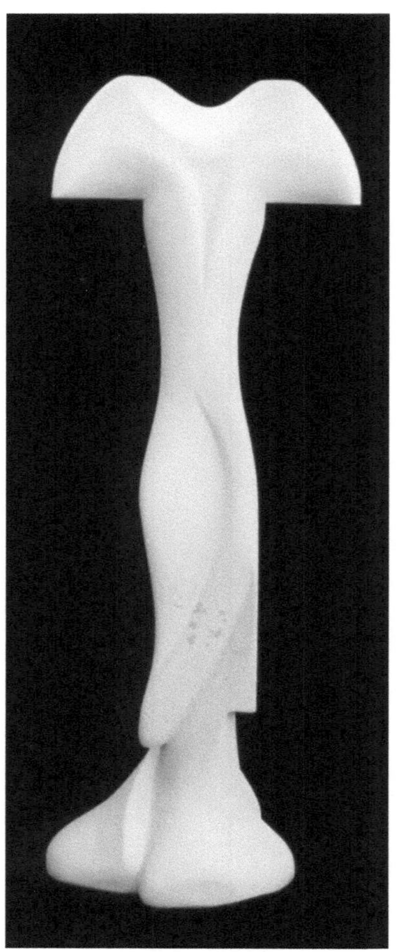

Stein Höhe ca. 185 cm „Dame im Park"

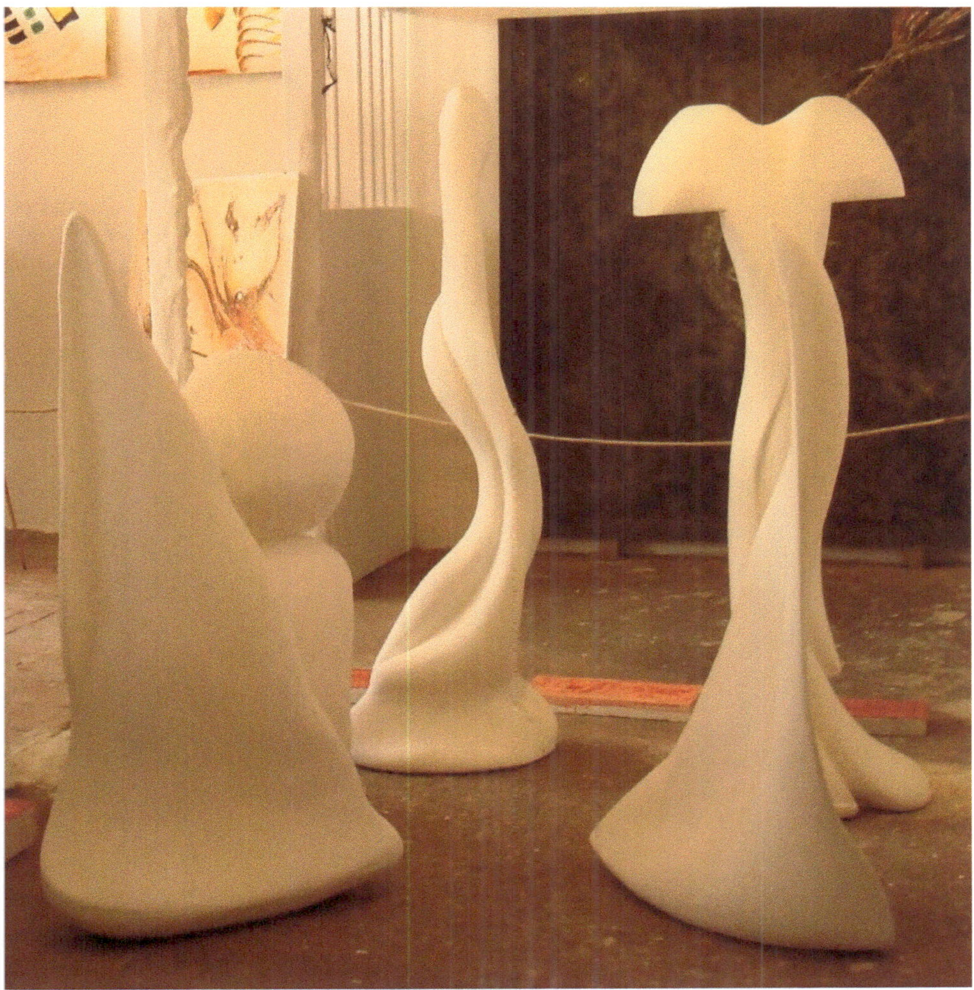

Skulpturen

Blick in die Werkstatt

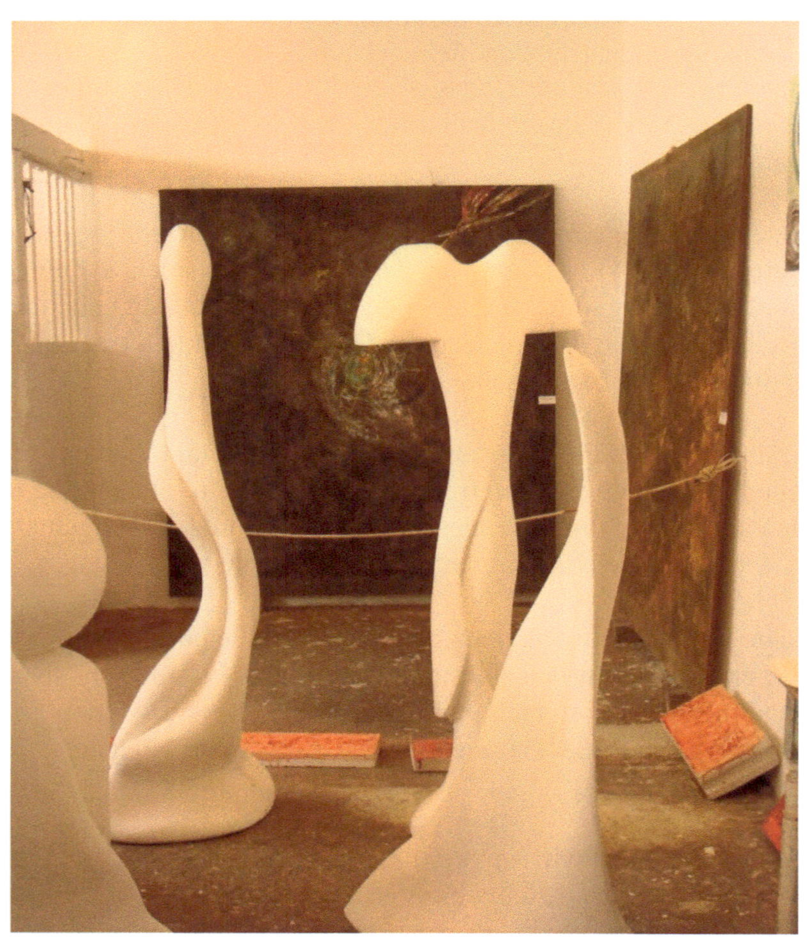

Mein Vater war selbstständiger Malermeister und meine Mutter besaß ein
Farbengeschäft. Hier hatte ich schon als Kind freien Zugriff auf Farben,
Gips und andere Putze auf sämtliche Pinsel und Streichwerkzeuge. Nach
Lust und Laune durfte ich Nachmittags und in den Ferien mich an Gips,
Alabasta, Kalk, Spachtelmassen und Putzen bedienen, modelieren und
experimentieren. So entstanden meine ersten Skulpturen und Bilder.
Interresant fand ich, wie aus flüssigem Alabasta Formen entstanden. In der
Auslage und im Schaufenster des Farbengeschäftes wurden meine Arbeiten
damals angeboten.

Die Ausseindersetzung mit den Farben und Formen verschaffte mir eine
Tiefe Zufriedenheit. Dies konnte ich damals nicht als solche deuten, aber
ich verlor mich völlig in diesen Arbeiten und war glücklich und zufrieden.
Heute weiß ich, das ist das Höchste der Gefühle, glücklich und zufrieden
zu sein, mit dem was man macht.

Als 12 Jähriger streifte ich tagelang durch den Wald und fand an
umgefallenen Bäumen, bei den freiliegenden Wurzeln interessante Stücke,
die dann nach der Reinigung zugeschnitten, geschnitzt und angemalt
wurden. Einige dieser „Skulpturen" sind noch heute vorhanden.

Ich möchte jeden ermutigen, ganz gleich ob als Laie oder Quereinsteiger
sich mit Formen und Farben auseinander zusetzen. Es sind sehr spannende
Zeiten und man lernt viel, nicht nur über die Materialien, sondern auch
über sich selbst. So entdecken Sie möglicherweise ihre innersten
Bedürfnisse.

In unserem Alltag sind wir von dreidimensionalen Objekten umgeben. Auf
Grund dieser Tatsache entsteht eine Vertrautheit.

„Im Mittelpunkt meiner Arbeiten steht die Erde,
die ich als Eigenständiges Lebewesen betrachte.
Sie ist für mich die Materialisierung der
göttlichen Existenz.
Von Ihr fühle ich mich inspiriert"

**„Kunst darf sich durch sich selbst
erklären."**

Impressum: © Texte, Fotos & Bilder:
Marco Paulo Erdpate, Bad Tölz
Porträtbild: Foottoo.de und Paulo
www.erdpate.de

Herstellung und Verlag: BoD- Books on Demand, Norderstedt
ISBN: 978-3-7528-4855-7

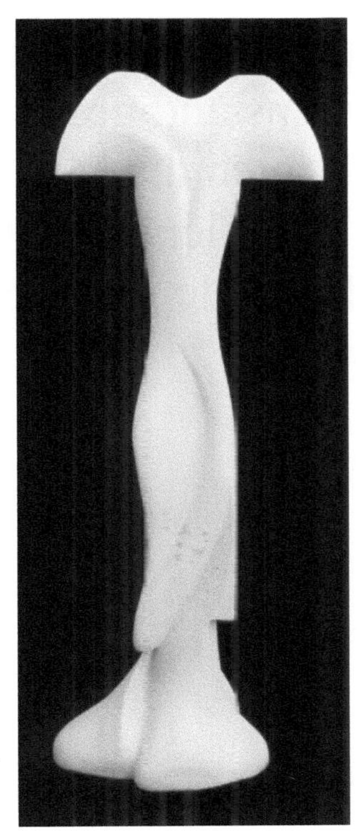

**Skulpturen und Installationen in Stein,
Holz, Alabaster
www.erdpate.de**